说话心理策略

王新乔◎编著

中国纺织出版社

内 容 提 要

现代社会，每个人都想凭借超强的语言表达能力获得成功，但是良好的语言表达能力却并非天生的。说话，和把话说得恰到好处，完全是两码事，唯有掌握说话心理策略，我们才能更加轻松自如地表达自己。

本书以心理学知识为基础，从心理学角度出发，为人们阐释最实用的说话心理策略，希望能够帮助读者朋友把每一句话都说到他人心里去，成功打动他人的心，使生活和工作都能够受益匪浅。

图书在版编目（CIP）数据

说话心理策略 / 王薪乔编著.--北京：中国纺织出版社，2018.1（2018.7重印）

ISBN 978-7-5180-4672-0

Ⅰ.①说… Ⅱ.①王… Ⅲ.①心理交往—社会心理学—通俗读物 Ⅳ.①C912.11-49

中国版本图书馆CIP数据核字（2018）第018071号

责任编辑：闫 星　　特约编辑：李 杨　　责任印制：储志伟

中国纺织出版社出版发行

地址：北京市朝阳区百子湾东里A407号楼　邮政编码：100124

销售电话：010—67004422　传真：010—87155801

http：//www.c-textilep.com

E-mail：faxing@c-textilep.com

中国纺织出版社天猫旗舰店

官方微博http：//weibo.com/2119887771

三河市宏盛印务有限公司印刷　各地新华书店经销

2018年1月第1版　2018年7月第2次印刷

开本：710×1000　1/16　印张：13

字数：198千字　定价：36.80元

前言

现代社会，生活节奏越来越快，工作压力越来越大，几乎每个人都想要以最快的捷径获得成功。然而，那些所谓的成功者，到底是因为命运的青睐，还是因为得到高人相助，抑或是因为自身业务高超的沟通能力和说话能力才获得成功的呢？当然，成功的因素有很多，任何单方面占据优势，绝不可能让我们一蹴而就地获得成功。古人云，天时地利人和。现代社会的成功需要更多的因素相互协同作用。诸如说话的能力就是获取成功的一个重要因素。

把话说到他人心里去，这看起来平淡无奇，要想真正做到却不容易。作为现代人必备的成功要素之一，良好的社交能力和丰富的社交关系，将会为我们的成功提供必不可少的条件。现代社会的每个人，也都充分认识到把话说到他人心里去，是一种很强的能力，它会为我们的生活和工作提供更多的便利和可能性。

毋庸置疑，现代社会已经没有人能够完全独立于世，每个人都需要与他人打交道，尤其是现代职场，更是离不开人们彼此之间的团结协作。从这个角度而言，一个人语言能力的高低，往往关系到他们的命运和前途的好坏。很多时候，人们会因为一句话而反目成仇，也会因为一句话而化干戈为玉帛。所以，语言的魔力可见一斑。不过，语言并非是独立存在的因素，更多的时候，还需要用非语言因素作为补充，语言才不会显得那么单薄乏力，也才会更加生动具体，打动人心。

也许有些朋友觉得说话并没有什么难的，因为每个人每天都在说话，说话也就渐渐被人们误以为是张口就来的事情。会说话的人遍地都是，但实际上，真正能把话说好的人，却少之又少。这是因为说话看似简单，但却很难说得恰到好处。尤其是要想让他人听到我们的话有怦然心动的感觉，更是难上加难。很多人对于那些人称有三寸不烂之舌、说起话来滔滔不绝的人总有些不屑，觉得他们就只会卖弄嘴皮子，根本没有真才实学。实际上，能够用三言两语就打动人心的人，绝非平庸之辈，他们不但能够灵活掌握和运用语言，而且具有洞察人心的本领，能够看穿他人的心思。

毋庸置疑，这个世界上最难以捉摸的就是人心。因而我们如果想真正学会说话，以语言打动人心，那么我们除了要积累语言材料之外，更要学习心理学知识，通过了解他人心理，才能学会察言观色，最终成功把话说好，说得动人心扉。

编著者

目录

第 1 章

说话与心理有着很微妙的关系

如果说眼睛是心灵的窗口，那么语言则是心灵的通道。心理学家经过研究证实，语言能够表现人的心理，那么我们在说话时，如果懂得心理学知识，我们的语言就会更加打动人心，也会对语言表达和沟通起到辅助作用。很多人能言善辩，巧舌如簧，正是因为他们攻心有术，所以才能由口及心、我口说我心、我口动人心。总而言之，说话与心理的关系是非常微妙的，这其中的奥妙正等待着我们去揭开哦！

说话快慢，导致他人心理感受不同

现实生活中，每个人都习惯于用语言表达自己的所思所想所感。的确，语言不但是人们内心的真实流露，也是人与人之间交往的渠道和桥梁。语言在每个人的生活中都至关重要，对人际交往起到关键的作用，语言又蕴含很多因素。其中，作为语言表达的关键部分——语速对于语言表达的效果至关重要，而且语速还能够透露出说话者不同的心理状态，更是会影响听话者的心理。

细心的朋友们会发现，现实生活中，几乎每个人都有自己独特的语言风格。仅从语速方面来区分，有的人说话很快，如同连珠炮；有的人说话很慢，似乎正在一边思考一边说话；有的人说话唯唯诺诺，犹豫不决；有的人说话吞吞吐吐，似乎掩藏着什么心事。不同的语速总是能向听话者传达出不同的信息，导致听话者的心理也不断发生变化。听过演讲的朋友们会发现，真正的演讲大师，演讲时语速一定不是平平淡淡毫无变化的，而是抑扬顿挫、铿锵有力、时缓时急的，这样才能表现出他们内心的激情，也会使听众激情澎湃。有的时候，演讲者讲到高潮时，还会声调上扬，语速加快，给人以非常强势、势如破竹的感觉，使人的内心充满力量。当然，与此恰恰相反，假如一个人语速很缓慢，而且平稳，则会给人值得信赖和托付的感觉，这也是为何大多数领导人物讲话时都慢条斯理的原因。总而言之，不同的语速将会使听者的心理也产生不同的改变，作为说话者，要想影响他人心理，调节语速是一个很好的选择。

作为房产销售员，小敏的语速有些偏快，再加上她很年轻，因而总是无法得到客户的信任，导致工作表现很差，进入公司两个月了，却没有卖出去一套房子。有一天，师傅跟着小敏一起带客户看房，一路上客户很少说话，只听到小敏喋喋不休、如同连珠炮一样说个不停。

看完房回到店里，送走客户之后，师傅对小敏说："小敏，你的语速有些过快了。"小敏很疑惑，说："我当服装推销员的时候，老板特意叮嘱我们要伶牙俐齿，说话快一些，说这样能在短时间内给客户传递更多的信息。"师傅笑了，问道："小敏，一件衣服多少钱？一套房子多少钱？"小敏疑惑不解地看着师傅，师傅又说："客户有可能在你们的渲染下买下几百甚至上千块钱的衣服，但是房子是不动产，价格昂贵，动辄几百万，所以客户不会因为你说话快，就完全信任你。相反，他们是在购置不动产，也许要花费几代人的积蓄，所以他们更愿意把这件重要的事情托付给稳妥可靠的人。你语速太快，难免给人说话不假思索的感觉，这会使客户降低对你的信任，也会导致客户不愿意托付于你。"小敏恍然大悟。从此之后，她改变语速，尽量让自己想好了再说，而且也不再喋喋不休，而是说出有分量的话。渐渐地，她赢得了客户认可，过了没多久，就成功销售出了一套房子。

的确，语速过快会给人不假思索的感觉，也由此导致他人对我们所说的话没有那么信任。唯有放缓语速，让自己仔细斟酌之后再开口，才更容易赢得他人的信任。尤其是销售大额资产的销售人员，更要以平缓的语气塑造自己诚实稳重的形象，才能让销售工作水到渠成。

此外，语速过快不但意味着说话者不假思索，也意味着说话者带着一定的急躁情绪，甚至折射出说话者内心过度的渴求。对于听话者而言，这无疑是一种心理暗示，会使听话者的心理受到影响。有的时候，为了吸引听话者的注意力，我们还可以突然把语速由快转慢，从而让听话者对我们更加关注。但是语速如果由慢转快，则意味着说话者的情绪波动，甚至突然变得愤怒。总而言之，语速对于交流和听话者的心理有很明显的影响，只有善于把控语速，我们才能让表达事半功倍。

心态浮躁焦急的人，说话夸大其词

日常生活中，大多数科研专家或者学者，都本着严谨认真的态度做学问，搞研究。但是对于普通人而言，他们经常说起话来却满嘴跑火车，甚至于夸大其词，根本不知道自己在说什么。前文说过，语言是人心灵的表达，能够反映出人的心理。因此，通过某些人夸大其词的表达方式，我们不难知道他们内心深处非常急躁，或者爱慕虚荣，或者急功近利，或者吹破大天，总而言之，他们说话绝不是言之凿凿，而是虚无缥缈。

近年来，中国的房地产业发展迅猛，因而人们炫耀自己的方式不再是说自己拥有多少知识、多少成就，而是张口闭口就说自己有多少套房子。诸如一些大城市的拆迁土豪，自身素质很低，也没有什么成就，但是见人就说自己家有几套房子，甚至还有些拆迁二代土豪想借此找到拜金女，从而成就一段姻缘。当然，不可否认，的确有些女孩是物质的，但是相信更多的女孩都是火眼金睛的，也知道人生中最宝贵的是什么。曾经有个拆迁二代土豪相亲时显摆自己家的房子，还告诉女孩自己开奔驰车上班，去当公交车司机。这能说明什么呢？只能说明他急功近利，穷得只剩下钱了。

爱慕虚荣的人、喜欢吹嘘的人，都是内心不够淡定从容的人。他们之所以先发制人自我吹嘘或者炫耀，恰恰是因为他们知道自身资质很差，害怕别人瞧不起他们，因而才抢先为自己辩白。相反，那些有足够自信的人，是不会以如此幼稚拙劣的语言为自己“增光”的。

如果说，在计划经济时代人们吃大锅饭，家家户户都过得差不多，也没有那么多的攀比，那么现代社会经济发展迅速，人们生活水平提高，许多人家的经济实力都不再相当，也因此导致很多人陷入吹嘘和攀比的怪圈。实际上，每个人的日子都是自己的，而不应该是过给别人看的，有何必要把自己的一切展示给他人看呢！

如今，电子产品盛行，炫耀和吹嘘也成为更便捷的事情。很多人四处旅游，不再是为了用眼睛欣赏美景，让美景走进心里，而是为了用手机四处拍照，然后发到朋友圈炫耀。尤其是到了节假日，没钱的穷人简直足不出户，就可以欣赏到全世界的美景，因为不是这个朋友去了马尔代夫，就是那个朋友在北欧游，真不知道是因为出国变得太容易，还是因为盗图不用负版权责任。

大多数真正过得幸福如意的人，反而非常低调，他们本分地过着自己的日子，不愿意把自己的隐私公之于世，让所有人都对自己以及自己的家庭品头论足。有一个奇怪的现象恰恰可以说明这一点，即有的富人穿着皱皱巴巴、非常普通的衣服招摇过市，但是有的穷人却哪怕吃得差一点，也要买名牌包装自己。这说明什么？不恰恰意味着穷人心里缺乏底气，因而只能自我标榜吗？当然，这里并没有贬低穷人的意思，只是以这样两个极端的例子告诉大家，我们要活得淡定从容、充满自信，才能戒骄戒躁，不再肆意吹嘘。

大智慧者，幽默而又寡言少语

在西方国家，人们尤其重视幽默，甚至有很多女孩在寻找人生伴侣时，都要求对方一定要很幽默。的确，幽默是生活的调味剂，能够让生活中充满欢声笑语，更能够给身边的人也带来快乐。但是，很多人对幽默都存在误解，觉得说些低俗的玩笑就是幽默，更有人把快乐建立在调侃别人之上。实际上，幽默是最高明的智慧，幽默需要极高的文化素养，所以要想真正做到幽默，并非人们想象中那么容易。

现实生活中，有些人喋喋不休，惹人生厌。虽然他们自以为说的是幽默的话，却不知道别人早就觉得乏味尴尬，也不愿意再为了配合他，而牵动嘴角的肌肉勉强微笑。真正的大智慧者，真正懂得幽默的人，并不是话痨，而是平时话虽然不多，寡言少语，但是却总是能够突然蹦出如珠妙语，使得别人发自内心地笑起来。这才是真的幽默，这样的人才是能够得到他人认可和赞许的，也才是真正的大智慧者。

智慧，是人由内而外散发出来的素质和涵养，绝不是轻易能够伪装出来的。与其以浅薄的文化底蕴佯装幽默，不如坦然承认自己的无知，这样反而不会遭到他人的嘲笑，因为至少还有淳朴在。

在人多的场合，我们总是情不自禁地被那些大智慧者吸引。他们看起来沉默寡言，但是一旦开口，就能给身边的人带来欢声笑语，使得身边的人由衷地感到快乐。他们是众人瞩目的焦点，总是能够以智慧和幽默给自己加分，也能够让自己绽放出独特的光彩。不过，有些朋友虽然天生缺乏幽默细胞，也无须沮丧。因为幽默并非是天生的，而是可以经过后天培养的。幽默需要丰厚的文化底蕴，需要随机应变的机智灵活，幽默尽管很难具备，但是经过长久的努力，却是可以得到有效改善的。一个有智慧的人未必真的幽默，但是幽默的人一定是有大智慧的，尤其是平日里说话不多，但是一张口却能博得满堂彩的人，更是社交达人，会处处受人欢迎。幽默的话语，能够消除人与人之间的隔阂，也能够打破人们之间的僵局和难堪的沉默，从而彰显出幽默者独特的人格魅力和与众不同的睿智。

美国人最喜欢幽默，甚至在严肃且风云迭起的政界，也要求从政治者具备幽默能力。众所周知，美国采取选举制，因而那些政客想要得到民众的认可，获得更多的选票，就必须具备幽默能力，而且还要最大限度拉拢选民的心，赢得选民的认可和喜爱。美国政界甚至认为，一个不懂得幽默的人，根本不配担任政府职务。可想而知，美国人把幽默放到多么至高无上的位置。

在中国，虽然在传统观念的影响下，人们更趋向于一本正经，但是也有很多聪明睿智的人善用幽默。尤其是在古代封建社会，为官者伴随在皇帝身侧，都说伴君如伴虎，因而整日提心吊胆。如果懂得幽默，就能成功化解危机，从而使得龙颜大悦，岂不是比别人更多一个自保的绝妙招数。可见，幽默在中国也同样受欢迎。尤其是现代社会，人际关系被提升到前所未有的高度，每个人都喜欢与幽默的人打交道，幽默对于我们拓展人脉关系、与人和谐友善地相处，更是起到至关重要、无可取代的作用。古代是得人心者得天下，现代社会的人也是得人心者得天下，因为只有人际关系和谐，才能让人拥有好人缘，不管做人做事，还是生活工作，都能顺遂如意。

那么，那些平日里沉默寡言的人，到底是如何幽默的呢？实际上，他们虽然话不多，但是眼睛却没有闲着。话少的人，有更多的时间用于观察和思考，因而他们总是能够以敏锐的观察力注意到被他人忽视的细节，因而有时间从容不迫地思考，从而理清思路，组织好语言，做到妙语如珠。其次，他们因为不喜欢热闹，在成长的过程中就有更多的时间读书游历，因而知识渊博，见多识广，博古通今，词汇量也很丰富，所以才能出口成章，表现出深厚的文化修养。此外，他们性情温和，心胸开阔，不爱以语言与他人争长论短，因而人缘很好。总而言之，沉默寡言者的心理活动更加丰富，观察力也更敏锐，文化底蕴丰富，因而才能出口成章。又因为他们平日里很少说话，所以他们的幽默与他们平日的表现形成反差，因而使得幽默效果大大增强。话不在多，点到就能起到事半功倍的效果，这是每一个幽默者都应该牢记于心的。

内心胆怯者，说话底气不足

生活中，自信的人昂首挺胸走路，底气十足说话，但是那些胆怯自卑的人却蔫头耷脑地走路，说话时也唯唯诺诺，明显信心和底气不足。他们不但胆怯自卑，而且也缺乏主见，不管做什么事情，都一味地顺从别人，表现出听话的样子。即便他们有自己的想法，因为胆怯，因为不确定自己是对的，所以也会委曲求全，而不敢说出自己的真实想法。不得不说，这样的人生实在太憋屈了，这样的人也最终会导致对自己完全失去信心，甚至失去对人生的主动权和操控权。这样的人生如同为别人而活，时时处处受人驱使，还有什么意义呢？

在我们的身边，不乏内心胆怯者，我们的朋友、同事之中，甚至有人从来不敢说“不”。对于他人提出的任何事情，他们总是“好”“好的”“是”“是的”“没问题”，以这样的话搪塞别人，压抑自己内心的委屈和愤愤不平。这就是典型的唯唯诺诺、说话没有底气的表现。其实，他们这么做不但是压抑和委屈自己，对于听话者而言，总是得到千篇一律的反应，也是很难受的。毕竟交流的目的就是彼此沟通，了解对方的思想，但是对于这样毫无意义和养分的回答，只会使交流最终变得干涸而终止。

遗憾的是，很多父母在养育孩子的过程中，也以孩子“听话”为自豪和骄傲。他们总觉得对自己言听计从的孩子就是好孩子，殊不知孩子如同木偶人一样盲目接受他们的思想和观点，渐渐地自己也再无半点主见，这对于孩子的成长是极其不利的。所以，真正明智的父母，在养育孩子的过程中不会为了自己省事，就训练孩子对父母完全听从，相反他们会启发孩子独立思考，拥有自己的主见和见识。唯有如此，孩子才会渐渐拥有自己的思想和观点，也才不会人云亦云、随波逐流。

作为公司的老员工，老张一直以来都兢兢业业，辛苦工作，但是很多比他后来的员工都得到了提拔，他却始终原地踏步，总是一个小职员，没有任何进步。这到底是为什么呢?

原来，老张所在的公司是广告创意公司，经常要开广告策划座谈会。老张尽管资历很老，但是每次开会的时候都只是作为附和者，从来没有提出过任何与众不同的创意。即使有的时候讨论其他同事的好创意，让老张发表意见，老张也是吞吞吐吐，只会跟着叫好，而说不出任何有价值的意见来。渐渐地，领导意识到老张是个无能的老好人，因而也就不再让他参加核心会议，平日里也只安排一些不重要的工作给老张做。就这样，老张变成了办公室里干杂活的闲人，总是机动地帮助其他同事打下手，对于这样的人，自然没有晋升的渠道可言。

老张的确看起来很老实，但是他就像是契科夫笔下的套中人一样，用一个套子把自己严严实实地包裹起来，而丝毫不敢以真实面目面对外在世界。他的顺从，在领导眼里渐渐地不再是恭顺，而是老实无能的代名词。适度的谦虚与低调是一种美德，但是在竞争如此激烈的现代职场，没有自己的主见，只会导致被彻底湮没。

当然，一个人之所以内心胆怯，也并非是无缘无故的。很多人因为小时候的成长经历，接受了父母过于严厉苛刻的管教，而导致没有主见，只知道顺从。因此，父母在教育孩子时一定要避开这个误区，毕竟只知道顺从的孩子长大之后根本无法适应这个弱肉强食的世界，也必然导致生存能力的缺失。除了童年时期的阴影之外，还有些人之所以胆怯，是因为不够自信。他们非常胆怯，因而变得自卑，不敢面对真实的外部世界，事例中的老张就是这样的人。当然，还有极少数人的胆怯是伪装出来的，他们并非真的唯唯诺诺，而是以伪装出来的面貌示人，从而达到自己的目的。这种人大多数城府很深，为了达到目的也能够长期潜伏和伪装，在生活和工作中遇到这样的人时，我们要比较小心，从而有效保护自己，避免遭到伤害。当然，这只是极少数的个例，大多数胆怯者还是要增强自信。

喜欢抱怨的人，必然内心空虚

随着社会的发展，生活节奏越来越快，工作压力越来越大，在生活中心中充满怨愤、总是不停抱怨诅咒的人越来越多。人们似乎已经习惯了无奈地面对现实，也习惯了用语言来表达自己内心的愤愤不平和怨天尤人。然而，归根结底抱怨有什么用处呢？实际上，抱怨毫无用处，除了使人因为抱怨而更加痛苦之外，只会导致事情更加糟糕和无法收拾。因此，明智的人不会抱怨，而是坦然接受命运的一切馈赠，不管是幸福快乐的，还是痛苦焦灼的。既然我们无法改变命运，与其哭泣着度过人生的每一天，不如积极乐观，微笑着面对人生的每一天，这样才能真正改变人生，充实地享受人生。

现代社会，其实每个人都面临着很大的生存压力，成人在职场上遭受惨烈的竞争，孩子也因为父母望子成龙、望女成凤，导致不得不肩负起沉重的学习任务。每个人都如同充满压力的离子一样游离在社会生活中，即便在原本应该和睦的家里，夫妻之间、父母和子女之间，也会因为各种各样的事情导致冲突的爆发。然而，抱怨难道能够改变这一切吗？我们必须相信，如果不抱怨，人与人之间的相处会更加和谐融洽，感情也会更好。所以，千万不要任由负面情绪在心里不停地积压，导致最终的爆发，而要适时地以合理的方式疏导自己的情绪，让自己从容面对生活。就像天然气泄漏一样，如果是在空旷通风的地方，危险性就会小很多。如果是在封闭的空间里，当天然气达到一定的浓度，稍微有点儿火光，就会爆炸。对于天然气而言是浓度，其实人的情绪也是有浓度的。当人的负面情绪不断积累，达到一定的浓度，一旦达到爆炸的临界值，那么情绪的爆发力和破坏力，将会超出我们的想象。

那么，抱怨到底因何而来呢？只有消除抱怨的根源，我们才能有效控制抱怨，也才能避免抱怨继续产生和堆积。首先，抱怨来自于生活。每个人在生活和工作中都承受着巨大的压力，因为没有及时找到宣泄渠道发泄，他们的心态就越来越偏激。在大城市乘坐公交车或者地铁时，如果细心观察，你也许会发现那些衣冠楚楚、看似光鲜亮丽的人，实际上都紧皱眉头，似乎生活中没有任何让他们高兴的事情。一旦不小心被冒犯，他们也会出言不逊，与别人恶语相向，甚至大打出手。

还有，人之所以抱怨，是因为极度的自卑和内心空虚导致的。还记得《欢乐颂2》里的樊胜美吗？她在合租房里一直以知心大姐姐的形象出现，在事不关己的时候，她为别人出起主意来也头头是道。但是一旦事情关系到她自己，她马上就变得手足无措，甚至表现出非常软弱的一面，根本不知道如何是好。实际上，樊胜美的内心是空虚的，所以她才对王柏川提出那么多的要求，寄予对王柏川根本不公平的奢望。她总是想要找到一个人依靠，从而借助于那个人来改变自己的命运，却完全没想到依靠自己，她也可以与命运博弈。幸好，在电视剧即将结束时，她终于找回了自我，也认清了自己的心态，从而果断改变自己，鼓起勇气重新面对生活。相信从此以后，无论她是否会和王柏川再续前缘，她都应该不会再把一生的希望都寄托在别人身上了，更不会动辄抱怨那个她最爱的人没有无微不至地照顾她。

还有些人之所以喜欢抱怨，也许是因为曾经遭受了命运太多不公平的对待，导致无法扬起信心勇敢面对生活，而采取逃避和抱怨的态度。不得不说，在所有处理问题的方案中，这一条是最糟糕的。命运的任何赐予，对于人生都是难得的经历和财富，我们唯有心怀感恩，才能从命运的樊篱中挣脱出来，从而拥有更自由广阔的人生天地。

命运多舛者，说话尖酸刻薄

命运从来就不是公平的，很多孩子从小含着金汤匙出生，自从来到人世就衣食无忧，被父母和家人呵护备至，可以说，他们的起跑线甚至比很多孩子的终点线还高。相信大多数朋友对此都深有同感，然而，难道那些出身穷苦的孩子，因此就要放弃努力奔跑吗？当然不是。我们不能因为别人比我们的起跑线高到我们穷尽一生也有可能无法企及的高度，就彻底放弃自己，相反，我们要更加努力，因为努力了虽然未必有回报，但是不努力就会失去所有的希望和可能。

不得不说，命运有时候很残酷。有些人似乎天生不受命运眷顾，命运总是无情地捉弄他们，使他们哪怕非常认真努力，真诚地对待生活，也依然被不断捉弄和残酷对待，总是得不到命运任何一丝怜悯。每当这时，就让人想起了那段自古流传至今的话，即“天将降大任于斯人也，必先苦其心志，劳其筋骨，饿其体肤，动辄空乏其身，才能动心忍性，增益其所不能”。这段话告诉我们，能够承担大任的人，必然要经历更多的艰难和辛苦，甚至是陷入过人生中的绝境，才能最终蛟龙出水，有所成就。遗憾的是，并非每一个经历磨难的人都能有所成就，相反，有些人一旦遭遇人生的坎坷磨难，马上就会心生抱怨，甚至把因为命运不公引起的愤愤不平的情绪，发泄到无关者的身上。这样的人，必然相由心生，久而久之，满脸的义愤填膺、苦大仇深，而且说话也会变得尖酸刻薄，让人避之不及。可想而知，一段时间以后，他们的状况会更差，因为他们与此同时也会失去朋友。

没有人愿意和一个充满负能量的人交往，因为近朱者赤，近墨者黑，负能量的人往往也会对外传递负能量，导致身边的人都感受到不愉快的、负面的信息。所以现代社会尤其提倡正能量，人们也更愿意与充满正能量的人交往，从而让人生变得更加积极向上。所以，朋友们，不要再因为自己的不幸而迁怒于人，毕竟没有人应该是命运的埋单者，对于任何人而言，唯有接受命运的一切安排，心怀感激地拥抱人生，才能真正赢得命运的垂青。

婧婧原本是个善良美丽的女孩，心地宽厚，很少与人发生不愉快，人缘非常好。然而，自从离婚后，婧婧就像变了个人一样。她变得尖酸刻薄，似乎把一切不幸的根源都算在身边人的头上了。即便是和妈妈说话，她也绝不尊重，而且经常顶撞得妈妈眼泪汪汪的。

有一次，孩子不小心犯了错误，被老师叫家长去。婧婧在去学校见了老师之后，满怀火气地回到家里，怒气冲冲对着孩子脱口而出："你这个兔崽子，是不想活了吗？你爸爸已经'死'了，你都成半个孤儿了，还不好好学习！难道你非得把你妈也克死，成为真正的孤儿，才高兴吗？"孩子只是因为一次作业没有完成，此刻突然遭到妈妈如此恶毒的谩骂，即便孩子才小学三年级不是很懂事，也被吓到了，马上惊恐地大哭起来。这时，姥姥去市场买菜回来，看到女儿如同疯了一般歇斯底里，心痛地说："婧婧啊，自从离婚之后，你怎么性情大变呢？你还年轻，人生还有机会重新开始，你不能这样放纵自己啊！你只要好好的，一切都还可以重来。你再看看这个可怜的孩子，这可是你当初打官司才从他爸爸手里抢来的，难道你抢他来，就是为了这样对待他吗？你不是因为担心他和爸爸生活得不好，或者遭到后妈的欺负，才舍命护着他的吗？但是你现在的行为，真的和后妈也没什么区别！"妈妈的一番话使婧婧陷入自责和懊悔之中，她也意识到自己的确因为离婚改变太多了，这样最终只会毁掉她的人生。痛定思痛，她决定为了自己和孩子，以及年迈的父母，也要振作起来，积极地生活下去。

大多数遭遇生活重大挫折的人，一旦言语改变，很有可能他们的心理已经接近病态。很多妒忌心强的人总见不得别人比自己好，因而总是因为妒忌心发狂，甚至不惜伤害他人。不得不说，这都是病态的心理，都是需要我们及时改变的。

不管命运如何对待我们，我们都要心怀感恩，感谢生命赐予我们的一切。我们要勇敢面对自己的内心，信任自己，信任他人，不要用贬低或伤害他人的方式，凸显我们的优势，否则我们必然被邪恶捆绑，甚至彻底毁灭自己的人生。与人为善，与己为善，只有牢记这一点，我们才能言语得体，宽和待人。

第2章

让他人对你心存感激的说话策略

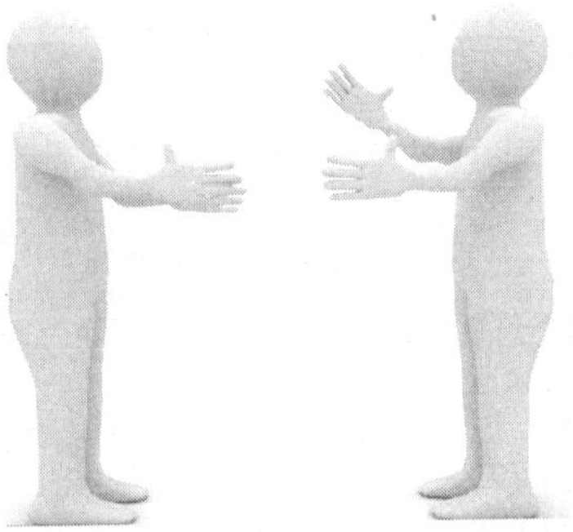

人与人的沟通，一旦陷入相互质疑和攻击之中，就会导致无法进行下去。这样的交流显然无法使人感到愉快，甚至也无法起到交流的效果，在这种情况下，不如使用同理心策略，从而使我们与他人的沟通和交流更加和谐愉快。很多情况下，沟通之所以艰难晦涩，并非是因为语言表达的问题，而是因为没有掌握他人心理，才导致沟通南辕北辙，事与愿违。

没有人会拒绝有礼貌的人

很多人巧舌如簧，说起话来头头是道，也比较有条理、逻辑清晰，但就是不能与他人友好相处，几句话说完，不是招致他人翻白眼，就是招致他人憎恶，这到底是为什么呢？其实，善于言谈、滔滔不绝，未必就是会说话。有的人说话硬邦邦的，这样说话远远不及把话说到他人心里去能够起到更好的交流效果。如果能够在与他人交谈时多多使用礼貌用语，那么不但能够表现出我们良好的素质修养，也能帮助我们以尊重换取他人的尊重。的确，在人际交往中，尊重是相互的，我们唯有尊重他人，才能得到他人的同等对待。

有些人说起话来只顾自己，完全不顾及他人的反应，只顾着自己像是打机关枪一样口若悬河地说个不停，殊不知，对方早已感到厌倦，恨不得马上摆脱你的唠叨。还有些人非常强势，哪怕是在日常与他人闲聊的时候，也总是希望自己说出来的话能够高人一等，压在别人的话头上，不得不说，这样的人一定让人避之唯恐不及。其实，口头上的逞强没什么意义，唯有言语宽和，我们才能与他人更好地相处。还有些人纯粹就是没礼貌，也许是因为父母在他小时候没有教给他礼貌用语，他根本不知道礼貌为何物，和任何人说话都以“哎”字开头，不得不说，这样没礼貌实在不应该，因为只要教养者注意到这个问题，大多数孩子都能做到讲礼貌。

尊重别人就是尊重自己。不管我们在社会上的地位多么高，名声多么显赫，我们都没有权利藐视任何一个人。哪怕对于黄口小儿，我们也要尊重他们，这样他们才会尊重我们。人们也许在职场上有职位高低，在社会上有地位高低，在生活中有辈分高低，但是人与人之间绝没有人格高低之分。每个人的人格都是平等的，我们一定要尊重他人，才能赢得他人的尊重。

在辽阔无边的大森林里，有个送信的士兵走了整整一天，眼看天色将晚，他却没有找到客栈投宿。士兵很着急，因为一旦天全黑下来，就会有野兽出没，他不知道自己将会面临怎样的危险。正在士兵心急如焚时，他突然看到一个猎人在前面不远处走着。因而他着急地喊道："喂，那个人，还有多远才能走出森林？"猎人头也不回，喊道："五里！"士兵一听到还有五里就能奔出森林，因而赶紧快马加鞭，火速朝外疾驰而去，路过猎人身边的时候都没有减速。

士兵策马扬鞭，大概奔跑了十几里路，却发现森林依然无边无际，不由得纳闷：明明只有五里路了，为何我都走了十几里路了，还是没有走出森林呢？他沉思着，突然脑中灵光一闪：猎人不是告诉我"五里"，而是说我"无礼"？！他赶紧调转方向，开始往回走去。果然，走了将近十里路，他终于看到在路上行走的猎人。这次，他远远地就下马，牵着马朝着猎人走去，然后毕恭毕敬地说："这位大哥，请问要想走出森林，还有多远呢？"这次，猎人抬头看着士兵，说："还有很远呢，天晚了，我在前面有个打猎的小屋，不如你也去歇一晚上再走吧，不然天黑了猛兽出没，非常危险。"就这样，猎人不但把士兵带回自己打猎的小屋休息，还用自己打来的野味给士兵做了丰盛的一餐饭呢！

对于士兵的无礼，猎人毫不理睬。直到士兵意识到自己的错误，折返回来毕恭毕敬地再次问路，猎人才好心地留宿士兵，还用自己打到的野味招待士兵。这就是无礼和有礼的区别。任何时候，我们都要当有礼之人，而不要因为无礼降低自己的身份，更要避免因为无礼被他人拒绝和冷待。

所谓礼貌用语，无外乎日常生活中常用的诸如“请”“对不起”“谢谢”“非常抱歉”等。这些语言虽然看起来很简短，但是效力却非常显著。一个人如果经常把礼貌用语挂在嘴边，一定能够得到他人的礼貌相待和尊重。此外，礼貌用语延伸开来也包括说话时要与人为善，不要咄咄逼人等。总而言之，要想得到他人的礼待，我们就必须首先礼待他人。

把话说到他人的心坎里

常言道，知己知彼，百战百胜，这个道理不但适用于战场，也同样适用于人际交往和人际交流。每个人都是这个世界上独一无二的存在，世界上既没有两片完全相同的树叶，也没有两个完全相同的人。在与人交流时，我们要想把话说到他人的心坎里，首先就要多多了解他人，洞察他人的内心，才能把话说得恰到好处。当然，了解他人心理也并非是那么容易的事情，需要我们多多用心，仔细观察，还需要我们用心思考。当然，对于初次见面的陌生人，我们还可以从侧面进行了解。如果对方是一位名人，那么还可以从网络或者书籍上了解对方的更多信息，从而做到未雨绸缪。

很多说话的高手，在与他人交流时，总是能够把话说到他人心里去，从而打动他人的心，打开他人的心扉，使得交流更加顺利。实际上，暗示对方必须更加巧妙，才能做到顺其自然，不露痕迹，否则如果不能迎合他人，就会导致事与愿违。也许有些朋友会说：我们又不是他人肚子里的蛔虫，如何做到暗合他人心理呢？其实，通过察言观色，哪怕是在交谈中，明智者也可以捕捉到很多有效信息了解他人。

作为一名普通的销售人员，约翰很想向一家工厂的老板推销自己的产品。但是他只是一个刚刚大学毕业的毛头小子，根本不知道如何更好地向工厂老板推销。在请教了经验丰富的老同事之后，约翰想出了一个好主意。他知道那个老板实际上非常抠门，因而决定为那个老板算一笔账。

这天，约翰带着样品去拜访老板。他直截了当对老板说：“您愿意白得这样一台机器用吗？”老板有些困惑，不知道约翰想干什么。约翰接着说：“这可是一台全新的机器，而且是最新款的，您可以免费得到它。”老板饶有兴致地看着约翰，对于这样的无本生意，精打细算的他当然不会错过。因而，他马上询问约翰具体的情况，约翰说：“是这样的，假如您愿意，您可以先免费试用这台机器一个月。一个月的时间里，这台新型机器强大的节能效果，就会向您证实您每个月将会少付很大一笔电费。而且，根据我的计算，如果您把所有老机器都换成这种节能的新型机器，只需一年时间，您节省的电费就相当于购买机器的费用了。您觉得这笔生意是否划算？最重要的是，这台机器的使用寿命是20年，也就是说您可以享受19年免费使用这台新机器，何乐而不为呢？”约翰别出心裁的推销方法，使得老板当即拍板，决定拿出很大一笔钱把工厂里所有的旧机器都换成新机器。

约翰的推销之所以马到成功，就是因为他抓住了工厂老板开源节流的心理，而且也知道工厂老板早就计划更换新机器了。所以约翰恰到好处的推销，让老板马上就明白更换新机器是很划算的，而且是无本万利，所以老板才会毫不犹豫地与约翰签约。

任何时候，我们要想说服他人，就要抓住他人的心理才能成功打动他人，让他人怦然心动。不得不说，约翰的推销是非常成功的，而且工厂老板对他的说法也根本无法反驳。当一名推销员把话说到这种程度，可想而知，他一定是优秀的推销员，也必然为自己创造更好的销售业绩。

抓住时机说话，事半功倍

古人云，天时地利人和，意思是说在做事情的时候，只有主观的美好愿望是远远不够的，还需要客观条件、外部环境达到一定的契机。诸如诸葛亮草船借箭，纵然是神机妙算，也一定要等到起雾且风向适宜的时候，才能获得成功，这就是时机。时机既可以是诸葛亮草船借箭的天机，也可以是人为营造的好机会。很多时候，唯有抓住时机、契合时机，才能取得成功。

很多人仅凭三寸不烂之舌，就能取得成功，这其实并不在于他口若悬河地说了多少话，而在于他是否掌握了说话的时机。人们常说，祸从口出，言多必失，实际上每一个会说话的人，不但能把语言组织得很好，也能够把握好说话的时机，把话说得恰到好处，打动人心。懂得抓住时机的人，不会一味地说话，而是说起话来张弛有度，该说的时候就说，不该说的时候就停止，这样他的话才能事半功倍、达到预期的效果。毋庸置疑，话并非说得越多越好，很多时候如果口无遮拦说错了话，说出去的话如同泼出去的水，就会导致造成的恶劣结果再也无法挽回。这个时候，就悔之晚矣了。法国大名鼎鼎的作家大仲马曾经说过，一个人无论多么擅长语言表达，都要避免言多必失，因为他如果说得太多，就一定会说出愚蠢的话。的确，就连运用文字纯熟于心的大作家都这么自律，更何况是作为普通人的我们呢？所以只有更加谨言慎语，才能发挥语言的最佳作用，避免祸从口出。

有个印刷厂老板在五十多岁、还有几年就要退休的时候，突然意识到印刷厂必须更换设备了，因而他精打细算，决定购置一批新机器，这样再使用几年到他退休的时候，机器也还有七八成新，这样至少还可以卖到300万美元。因此，在购置机器之初，他就打定主意将来要把机器卖到300万美元。

转眼之间，几年的时间过去了，老板即将退休，因而开始张罗售卖机器。有一天，他接待了一个买主，这个买主非常挑剔和苛责，对着老板滔滔不绝说出了机器的很多缺点和不足。老板原本很恼火，觉得这个买主根本不是来买机器的，而是来嫌弃和挑剔机器的。他正准备发火，突然想到，自己既然要把机器卖到300万美元，就不能得罪每一个买主，万一这个买主能出到300万呢！为此，他按捺住自己的不悦，继续忍耐着听那个人挑剔。那个人滔滔不绝说了很久，到最后终于有点儿累了，总结似的说："这台机器，我最多只能给你380万，因为维修它还至少需要20万呢，你就便宜20万吧，就当是给我维修的费用。"听到买主的这句话，老板心里简直乐开了花，但是他装作勉为其难的样子，稍微犹豫了一下才答应了买主的要求。就这样，老板多卖了80万，买主少花了20万，他们双方对于这次交易都非常满意。

言多必失，一旦把握不好时机，就会给自己带来巨大的损失。假如买主能够稍微放缓说话的速度，不那么咄咄逼人，也能够询问老板想要多少钱卖掉机器，那么他至少能节省80万美元。不得不说，这位买主正因为没有掌握好说话的时机，所以才导致自己"损失惨重"。幸好沾沾自喜的老板不会告诉买主他多花了多少冤枉钱，否则买主该多么心痛啊！

说话的效果取决于语言的多少，任何时候，少说话都能够留给我们更多的时间思考，让我们变得更加理智。很多人习惯于快速说话，却不知道自己的思维根本跟不上说话的速度，最终导致的结果就是祸从口出。对付这种滔滔不绝的人，最好的方法不是也和对方一样口若悬河，而是能够始终保持冷静和理智，等着对方自己露出破绽。

良言一句三冬暖，得理也要让三分

常言道，良言一句三冬暖，恶语伤人六月寒。很多时候，语言的威力非常强大，甚至远远超出人们的想象。因此，在与人交往时，我们千万不要不假思索以语言攻击和中伤他人，而要宽厚友善，即便得理也要让人三分。唯有如此，我们才能给身边的人带去温暖，得到他们的尊重和信赖。

现实生活中，每个人都有自己生活的小圈子。在这个小圈子里，也许就有很多人需要我们安慰。有的朋友做生意失败，或者婚姻生活不如意，需要安慰；工作中，有的同事工作失误，被老板批评了，甚至扣掉年终奖，也需要我们安慰。家庭生活里，我们也要与至亲至爱的父母、爱人和孩子交往，当他们遇到为难的事情时，不仅需要我们来分担，更需要我们的安慰。在这种情况下，假如我们哪壶不开提哪壶，总是拣着别人不愿意听的话说，甚至故意说些让人心寒和绝望的话，那么可想而知，我们最终必然成为孤家寡人，因为没有哪个朋友愿意与冷血的人相处。

有的时候，处于危难之中的人需要的未必是实际的帮助，而是能够传递温暖的安慰话语。说话，虽然是一件非常微妙的事情，但是只要我们用心，是能把话说好的。而且用语言带给他人温暖，比起实际的帮助也显得更容易，我们又何乐而不为呢！这就像是投资友情，暖人的良言是以最小的投入，获得最大的回报，聪明的朋友一定都知道该怎么做。而且，当我们没有能力给予他人更多的时候，用语言温暖人心，也是我们最方便去做的、对他人最立竿见影的帮助。

当然，身处危难之中的人往往是比较敏感多疑的，心理上也非常脆弱的。在这种情况下，我们安慰他人就一定要注意方式方法，就算是平日里说话大大咧咧的人，此时也要谨慎地表达，而不能再口无遮拦，给他人心理和感情上带来更大的伤害，导致事与愿违。

在一次地震中，艾米被压在大厦下面，经过几天几夜的等待，她终于迎来了救援人员。然而，此时的艾米已经奄奄一息，只是求生欲望，还在支撑着她微弱得如同烛火般的生命。

救援人员知道艾米就在那里，但是一时之间还没有办法把她救出来。为了让艾米保持清醒，唤起艾米的求生意志，一位救援人员留在距离艾米不远处的废墟中，与艾米“聊天”。因为失血过多，艾米浑身发冷，恐惧至极，她对救援人员说：“我害怕，别离开我。”救援人员马上以坚定的语气回答：“放心，我一定守在你的身边，我不会离开半步的。”救援人员的话使艾米得到些许安慰，精神也好些了。她又对救援人员说：“如果我死了，告诉妈妈我爱她。”救援人员说：“我在你身边，你不会死的，你会活得像花儿一样，我很快就会救你出去。相信我，相信我，我一定会救你出去。”在等待救援的漫长时间里，救援人员一直在陪艾米说话，也以温和坚定的语言帮助艾米重新树立生的希望，激发起艾米顽强的求生意志。艾米最终被解救出来了。后来，艾米和这位救援人员成为了好朋友，不管遇到什么事情，她都愿意征询他的意见，从他那里得到力量。

语言的力量，超乎人们的想象。温和的语言，能够使人们原本绝望的心里重新点燃火种，也能够使已经放弃的人再次紧紧握起手。废墟之中的艾米，如果不是有救援人员不停地激励和鼓舞她，以充满力量的语言分散她的痛苦，也许生命早就戛然而止了。

温暖的语言尤其能够使人满怀希望，从他人的语言中得到力量的人，必然对他人心存感激。既然冷嘲热讽也是说话，赞扬鼓励也是说话，我们为何不用语言帮助他人树立信心和勇气呢！也许一句温暖的话并不能马上得到回报，但是赠人玫瑰，手留余香，我们在慷慨帮助他人的同时，自己实际上就已经得到了快乐和满足。

看菜吃饭量体裁衣，说话也要因人而异

常言道，到什么山头唱什么歌。很多时候，有的说话的策略并非是放之四海而皆准的，这是因为我们遇到的社交场合不同，面对的交谈对象也截然不同。这个世界上有多少个人，就有多少种脾气秉性，在这种情况下，我们如果用对待这个人的方式去对待那个人，那么不一定会取得好的效果。所以，我们的表达方式必须因人而异，有针对性，才能事半功倍。此外，即便是与同一个人说话，如果是在不同的时间点，或者对方正在经历不同的事情，也要根据情况调整说话策略，以便让说话达到预期的效果。

常言道，看菜吃饭，量体裁衣。任何时候，盲目地与他人交流，都会导致事与愿违。对于那些性格软弱的人，如果他们犹豫不决，不能及时做出决定，那么我们就可以帮助他们做决定，让他们的意念更加坚定不移。对于那些性格强势的人，他们往往会过于冲动，遇到事情不愿意参考他人的意见，不能冷静思考，那么就要适当地给他们降温，让他们恢复理性。总而言之，为了让自己在生活中有更好的发展，变得更加主动，我们就需要看人说话，如同老中医对病患者望闻问切之后，再采取合适的方法进行治疗。

两千多年前的春秋时期，有一次，学生冉求问孔子："老师，听到了就要去做吗？"孔子毫不犹豫地回答："当然，听到了就要去做。"后来，学生仲由也问孔子："老师，听到了就能去做吗？"孔子坚决果断地说："不行！"后来，公西华听到孔子在回答学生相同的提问时，答案居然是完全不同的，就问孔子："他们问同一个问题，你给出的答案却完全相反，这到底是为什么呢？"孔子告诉公西华，冉求遇到事情容易退缩不前，犹豫不决，所以才鼓励他勇往直前。但是仲由却容易冒进，所以要给他拉紧缰绳，不能任由他脱缰。

原来，对于两个学生的同一个问题，孔子之所以给出截然相反的答案，就是因为冉求和仲由的脾气秉性并不相同。的确，对于原本做事就犹豫不决、裹足不前的人，如果我们还要让他思虑周全再做决定，那么也许他根本无法做出决定。但是对于原本做事情就坚决果断、容易冒进的人，我们则要适当地给他们泼些冷水，这样他们才能保持理智和冷静，从而更深入思考，做出正确选择。

孔子作为一代圣贤，教育学生的时候为取得更好的效果，尚且要因人而异，我们作为凡夫俗子，说出来的话更不可能成为放之四海而皆准的名言，所以更要注意区分对象，有的放矢。自古以来，很多的聪明人都能够察颜观色，因人而异地说话。看过《红楼梦》的朋友们应该还记得，在黛玉初入贾府时，王熙凤是未见其人，先闻其声，虽然姗姗来迟，却后来者居上，夺得很大的风头。这一切都是因为她那句高声说出的“我来迟了，不曾迎接远客”。虽然只是简简单单的一句话，但是却能看出王熙凤深得贾母宠爱，所以在贾府中才能摆出一副主人的姿态。实际上，她这句话不是为了黛玉而说，而是为了讨好贾母，可谓一箭双雕。说完这句话，她来到黛玉身边，还拉起黛玉的手上下打量，又惋惜地缅怀逝去的姑母，怎么能不讨贾母的欢心呢！可以说，王熙凤初见黛玉说的那些话，全都说到了贾母的心里，没有一句话或者一个字是多余的。由此也不难看出，王熙凤的性格，真的是贾府里深得贾母宠爱的当家人，让人不容小觑。

真诚道歉，才能解开对方的心结

常言道，智者千虑，必有一失，愚者千虑，必有一得。这句话告诉我们，一个人就算再怎么聪明能干，思虑周全，也难免会有考虑不周而犯错误的时候。因而，一个人在成长的过程中，都不可避免地会犯各种各样的错误，也可以说人就是踩着错误的阶梯不断拾级而上的。

对于错误，大多数人都怀着宽容的态度，尤其是那些并非故意的错误，只要犯错的人能够真诚道歉，很少有人会揪着他人的无心之过不放。就连大军事家孙子也曾经说，每个人都会犯错误，只要能够改正，就还是能够得到他人认可和敬仰的。人非圣贤，孰能无过。在犯错之后，我们唯有及时反省自己，认知错误，并且积极改正错误，才是应该有的态度。当我们的错误给他人带来伤害或者严重后果时，我们更应该积极主动地向别人道歉，尽力弥补他人损失，才能得到他人的谅解。当然，在向别人道歉时，我们一定要保持真诚的态度。否则，敷衍了事地道歉，是无法得到他人谅解的。

偏偏生活中有很多人，即使知道是自己的错误，也依然不愿意道歉。这样的态度，想要赢得他人的谅解几乎不可能，反而会使对方更生气。当然，要想让道歉起到事半功倍的效果，也要讲究一定的技巧和方法。

卡耐基的家距离森林公园很近，近到步行也只需要一分钟的时间。为此，卡耐基把森林公园当成了自己家的后花园，走出家门，就会去森林公园散步。卡耐基有一条小猎狗，叫雷斯。卡耐基很喜欢性情温和的雷斯，又因为森林公园里人迹罕至，所以他还常常带着雷斯去森林公园里散步。如果发现没有什么人，他就会取下拴雷斯的链条，或者摘掉雷斯的口罩，让雷斯自由自在地撒欢。

一天，卡耐基和雷斯正在森林公园里散步时，雷斯此时恰巧既没有系着链条，也没有戴着口罩，他们遇到了警察。警察严厉批评了卡耐基对雷斯的放纵，卡耐基却低声辩解道："雷斯很温和，我觉得它应该不会攻击人。"听到卡耐基的话，警察明显愤怒了，说："你觉得？难道法律是以你的意志为转移的吗？如果它咬死松鼠，咬伤孩子，你能负得起责任吗？这次我暂且不追究，但是如果有下次，你只能去见法官了！”卡耐基此后收敛了一段时间，严格按照法律规定给雷斯拴链条，戴口罩。但是他们很长时间都没有碰到警察了，因而一天下午，卡耐基忍不住又给雷斯松绑了。遗憾的是，他们再次遇到警察。想起上次不愉快的经历，卡耐基这次不等警察批评，就赶紧自我批评：“很抱歉，先生，我看小狗实在可怜，又给了它自由，但是我一直记得您的话。”出乎卡耐基的预料，警察反而和颜悦色地说：“反正这里也没什么人，你多多留神就好了。现在，你赶快带着它去我看不到的地方吧，我就当从未遇到过你们。实话说，这条小狗可真可爱啊！”

其实，卡耐基明知故犯，原本警察是应该更生气的。但是既然卡耐基道歉的态度很真诚，而且道歉也很及时，并且进行了自我批评，警察当然也就没有必要再批评他了。同时，卡耐基表示自己牢记警察的告诫，也使警察感觉到自己是被尊重和重视的，所以他心里的怒气也就消除了很多。不得不说，卡耐基很了解人的心理，因而才能运用这个心理学策略成功地打动了警察的心。

及时真诚地道歉，能够化解他人心中对于我们错误的愤怒感，使得别人更愿意原谅我们。除了进行自我反思与自我批评之外，道歉的时候，适度地恭维和赞美他人，也会使我们的道歉起到事半功倍的效果。当然，既然是道歉，只有真诚还是不够的，也要有恰到好处的形式，还要把握好最佳时机。如“对不起”“很抱歉”“请原谅”之类的礼貌用语，都能很好地为我们的道歉加分，使我们的道歉起到预期的效果，有效缓解我们与他人之间的尴尬和矛盾。当然，如果有些朋友觉得直接道歉让自己很不好意思，那么也可以采取写信的方式，或者是利用现代通信手段，采取打电话、发短信、发微信等方式，向他人表达我们的歉意。总之，道歉一定要记住，必须及时、真诚，把握时机，才能更好地向他人传达出我们的歉意。

第3章

言语及心，把话说到他人心里的说话策略

语言，虽然看似是轻而易举的表达，人们似乎只要动动三寸不烂之舌，就能把内心的情绪、情感和所思所想表达出来，但是实际上，语言要想真正打动他人的心，是非常难以实现，也不容易达到的。人与人之间的交流和沟通，主要依靠语言进行，但是要想打动他人的心，我们需要了解他人的心理。语言的沟通，本质上是为了实现心灵的沟通，所以如果你还不曾知道如何成功打动他人的心，就不要随意地把一些话说出口，更不要口无遮拦，因为说出去的话就如同泼出去的水，会覆水难收。当我们真正用心，从抓住他人心理入手，说出的话就会更容易打动他人的心，从而得到他人的认可和赏识。

关键时刻亮出底牌，让对方无话可说

很多喜欢打牌或者打麻将的朋友都知道，很多时候，我们并不能一股脑地把所有好牌都打出来，而是要有所保留，适当亮出好牌，把自己最佳的底牌留到适当的时候亮出来，才能起到事半功倍的效果。这才是牌场上高手的表现，从来不轻易表现自己所有的实力，而是把自己的底牌留到必要时刻亮出，也给对手来了个措手不及，从而获得更大的成功。

在生活中，与他人相处的时候，我们常常面临很多的困惑。有的时候，我们明明已经知道对方的心思和计划，或者是对方曾经做过的事情，但是他就是不承认。比如说，在面对公安人员审讯或者在法庭上面对法官的审判的时候，依然有很多犯罪分子负隅顽抗，无论如何也不愿意打开心扉，坦白罪行。这种情况下，难道公安人员或者法官就没有其他的办法让犯罪人员认罪伏法了吗？当然不是，他们绝不会轻易放弃，而是会努力寻找罪证，在犯罪人员心理濒临崩溃之时，抓住时机把罪证亮出来，这样一来，犯罪分子很可能马上就崩溃了，也就能对自己的罪行供认不讳了。其实，在日常的交往和谈判中，我们也可以使用这种方法，向谈判对象展开攻心术，从而一招制敌，取得决定性的胜利。

常言道，笑到最后的人才是笑得最好的人，很多时候一时的胜利并不代表什么，而是要以毅力坚持下去，才能最终获得真正的胜利，成为那个笑到最后的人。这样一来，不管谈判刚开始时进展如何，我们都不能焦躁和气馁，而是要保持冷静和理智，从而淡定从容应付接下来的局面，在关键时刻亮出自己的底牌，取得决定性的胜利。

作为公司的首席文秘，吴越同时兼任总经理助理的重要职务，也做着办公室主人的活儿。总而言之，不管是总经理，还是办公室里的其他人，全都对吴越非常尊重和信任，一旦遇到为难的事情，他们就会马上想到找吴越解决。吴越呢，也的确不负所望，她就像是整个公司的大管家，对于任何事情都管理得很好。

有段时间，办公室里新招聘来几个大学生。有一天，总经理因为银行下班，就把当天收到的一笔现金留在办公室的抽屉里，没有去存入银行。因为之前也有过很多次这样的情况，而且安全无虞，所以总经理丝毫没有担心这笔钱的安全问题。但是第二天到了办公室，总经理拿了现金去存入银行时，却被银行告知这笔钱还差800元才到5万元整。总经理很纳闷，因为他收钱的时候用点钞机点了好几遍，是5万元无误啊。为此，总经理一回到公司就开始嚷嚷：办公室里向来平安无事，难道现在多出来三只手，居然一夜之间钱就蒸发了800元？总经理嚷嚷很长时间，都没有效果。毕竟任何人拿了钱，现在都是不敢直接站出来承认的。

思来想去，吴越对总经理说："一直以来，咱们办公室都很平安，现在来了几个新人，就出现这样的情况，大致范围应该可以锁定。咱们不如打草惊蛇，从而收回这笔钱，相信有了这次的教训，他们应该不会再轻易犯这样的错误了。"得到总经理的认可后，吴越在办公室里说："今天，我听清洁工说了在下班之后，有人进入了总经理的办公室，但是我愿意相信这个人只是一时冲动，而并非有预谋的，他只拿了800块钱，也是因为心存侥幸，所以我很愿意再给他一个机会。要知道，主动把钱还回来，比被清洁工指认出来，性质是完全不同的。但是我也没有那么多的耐心，我只愿意给他一个下午的时间。想想吧，现在找工作不容易，因为几百块钱失去一份工作，可谓得不偿失。"就这样，又一个晚上过去了，总经理次日上班的时候，发现办公桌上放着800元钱，而且钱下面还放着一张A4纸打印出来的字条："对不起，经理，我保证绝不再犯这样的错误。”

吴越圆满地解决了这个问题，而且也挽救了一个原本可以年轻有为的下属。其实，吴越之所以一招制敌，就是因为她假装自己是有底牌的，而且在关键时刻亮出了底牌，这样一来，那个自以为神不知鬼不觉的人，就会做贼心虚，感到羞愧，从而也就主动改正错误，抓住了吴越给她的机会。

其实，在很多不知道他人虚实的情况下，我们可以使用所谓的“底牌”打草惊蛇，这张底牌既可以是实际存在的，也可以是虚无的或者是捏造出来的，总而言之，只要能够起到预期的效果就足矣。当然，在使用亮相底牌的方法时，我们也要注意一些事项。诸如，使用亮相底牌的方法时，不要显得过于生疏和僵硬，而要顺其自然，顺势而为。其次，亮相底牌必须把握好时机，不要随随便便就在不恰当的时机把底牌展示出来，否则无法起到预期的效果，而是要在最后的关键时刻亮相底牌，这样才能起到事半功倍的效果。总而言之，底牌一定要在关键时刻展示出来，才能起到该有的效果，才能帮助我们打好攻心战，从而成功说服他人。

用强势语言表现决心，影响对方

中国自古以来就是礼仪之邦，向来主张儒家传统，因而很多人都是谦谦君子，包括很多男性，都喜欢表现出温文尔雅的一面。在西方国家，绅士也向来备受推崇，而绅士就是以谦恭作为优秀的品质和表现。由此可见，不管是西方国家还是东方国家，都主张礼仪忍让。但是很多人对于君子或者是绅士，都有一定的误解，甚至将其认为是一味地忍让，从而陷入误区。实际上，不管是君子还是绅士，都不是要一味地谦虚忍让，而是要适当使用强势语言，从而震慑对方。

很多细心的朋友会发现，在生活中，以及在很多正式的谈判场合，那些一味退让、过于讲究谦虚礼让的人，说起话来唯唯诺诺，也很难成功说服他人。实际上，恰当地使用强势语言，非但不是没有礼貌的表现，而是自己坚强意志和坚定信念的表现，还能够表明自己的决心，因而能够成功震慑对方。

尤其是在很多推销工作中，有些推销员盲目相信顾客就是上帝，因而对于顾客总是一味地顺从，而丝毫没有起到引导顾客的作用。这样一来，推销员就无法成功地给予顾客引导和建议，也导致顾客对于推销员失去信任。这样的推销员往往在推销工作上表现平平，与顾客的关系也非常一般。

作为一家公司的推销员，贺函与各个客户的关系都非常好，因而销售业绩始终节节攀升，在公司里和客户面前也树立了良好的口碑。有段时间，贺函在催收货款的问题上遭遇了障碍。他虽然成功把货物推销出去了，但是却没有顺利收回货款，这让贺函感到很苦恼。

他一直抱着把客户视为上帝、诚信为客户服务的心态，为客户服务，引导客户，但是偏偏在向客户收款的时候，他的这种毕恭毕敬的态度，却没有赢得客户的认可。为此，他几次三番去客户公司催收货款，都无果而终。为此，贺函请教了很多经验丰富的销售员，意识到自己的态度过于谦恭，而没有表现出势在必得的决心。所以再次去客户公司催收货款时，他决定改变态度。见到客户之后，贺函依然对客户很有礼貌，但是客户不知道的是，贺函这次准备先礼后兵：“张总，您看，您虽然是我们的新客户，但是您也是朋友介绍才选择我们公司的。对于我们公司的产品质量、服务口碑等，你一定有了了解，我也非常感谢您对我以及我们公司的信任。作为生意人，我想您一定理解我们公司也需要资金周转，而且因为你们这笔货款金额巨大，所以公司的资金周转已经受到了影响。我想，合作都是共赢的，假如因为一笔已经到期很久、应该支付的货款，导致彼此之间不愉快，甚至是终止合作，当然对于我们公司是巨大的损失，但是对于贵公司而言，也难免要面临舍近求远、增加成本的现实问题。

所以我想请求您慎重考虑，能够今天给我们支付货款，这样未来我们之间的合作也会更加顺畅愉快！”

显而易见，客户没有想到一直以来对他毕恭毕敬的贺函会说出这番话，也意识到贺函肯定是有了打算，甚至是得到了公司上层的指示，所以才能这样说话有底气，丝毫不畏惧，而且表现出势在必得的决心。为此，客户只好承诺贺函：“实在不好意思，这段时间因为资金紧张，没有及时给你们打款。你放心，我马上给财务室签单子，保证在一周之内结清你们的货款。”就这样，贺函圆满解决了收款的难题，这都是因为他的那番话说得不卑不亢，让客户无法反驳。

实际上，客户的确是销售人员的上帝，但是这仅限于服务。假如客户需要销售人员的引导，或者没有兑现对销售人员的承诺，那么销售人员一味地忍让，只会失去对客户的引导，导致只能被客户牵着鼻子走。不得不说，很多时候客户是需要销售人员引导的，因而适时的强势对于销售人员成功推销非常重要。

在人际交往中，我们同样需要以强势的语言表达我们的决心、信念和坚韧不拔的毅力。但是需要注意的是，表现强势也有很多注意事项，做好方方面面的细节，否则就会导致事与愿违。诸如在表现强势的时候，我们一定要内心充实，从而语言上也显得干脆果决，当机立断，绝不允许他人质疑。很多管理者在语言表达时因为缺乏强势的风格，因而导致说起话来疲软无力，甚至被下属钻了空子，对管理者丝毫不以为意。除此之外，还要组织好语言，诸如避免拖泥带水，也避免啰里啰唆，而是要言简意赅，让每一个字都掷地有声。最后，细心的朋友会发现，大多数领导者说话时都会最后才表态，这样显得更加稳重，也代表自己说过的话是经过深思熟虑的。因而我们在表现自身的强势和坚定不移时，也要等到最后再表态，从而获得更好的效果。此外，我们也要注意适度，因而强势并非是不懂得礼貌，更不是目中无人。我们虽然要强势，也要尊重他人，从而才能获得他人的尊重和认可。

总而言之，人际交往的情况千变万化，我们与他人的交流和沟通更是瞬息万变。没有任何方式和原则是适用于所有情况的，因此我们在交谈或者谈判中，必须审时度势，顺势而为，从而及时调整自己的交谈策略，让交谈起到最好的效果。

认同对方，才能成功打开对方的心扉

很多时候，我们自以为是正确的，是权威人士，因而对于他人的所说所想，总是不分青红皂白就否定，甚至严肃地反驳他人。实际上，这个世界上的每个人都是肉体凡胎，都是会犯错误的，包括我们也会错误频出，在这种情况下，谁又有权利去指责他人呢？因而真正的明智者，从来不会肆意否定他人，而是会主动反思自我，做到更加宽容和理解他人。哪怕遇到他人的确犯了错误的情况，我们也要首先认同对方，让对方向我们敞开心扉。理解对方，才能让我们说的话进入对方的心里，真正打动对方的心。

人的本能就是趋利避害，没有人愿意听到逆耳的忠言，而是愿意听到顺耳的良言和美言。为了照顾他人的心理，对他人起到更好的教育和引导作用，我们在否定和批评他人之前，一定要先认同对方，从而使说服产生更好的效果。

就像是《大话西游》里说的，人与人之间最远的距离，就是彼此站在眼前，却互相都不认识。现代社会，这样的情况其实很多，很多人都是表面上关系亲昵，但是实际上却彼此疏远，这是因为他们彼此的心门已经关闭了。由此可见，人与人之间要想真正做到真诚交流，就必须首先获得心与心之间的信任和彼此间的坦诚相见。

大学毕业后，明丽一直想离开父母的身边，去大城市独自打拼，活出自己的一番新天地。遗憾的是，明丽的父母是老来得子，他们直到45岁才有了明丽这个独生女，所以明丽大学毕业时，他们都已经年近古稀了。这样的情况，使得他们当然不愿意唯一的独生女离开自己的身边，毕竟他们已经老了，也需要孩子照顾了。为此，他们强烈反对明丽离家太远，而是希望明丽去省城工作，这样他们也能够倾尽全力去省城买房，到女儿身边养老，同时也能照顾女儿。

殊不知，明丽越来越叛逆，一门心思地想要去大城市工作。父母反对得越是厉害，找来七大姑八大姨劝说明丽，明丽反而越是坚持。有一天，从上海回来的表姐也来到家里，明丽一见到表姐，就说："你也是来劝我的吧，我建议你还是不要白费力气了。当然如果你就是来做客，找我玩的，我双手欢迎。"表姐微微一笑，说："我才懒得劝你呢，相反，我很理解你，毕竟我当年也是非常迫切想要离开家庭，所以才去了上海。"明丽得到表姐的认可，高兴地说："表姐，我就知道你在上海生活了这么多年，肯定和他们不一样，他们都是老迂腐。"这时，明丽突然想起什么似的问："表姐，今天不是周末，也不是节假日啊，不过年不过节的，你怎么回来了呢？"表姐无奈地说："我请了一个月的假，回来伺候爸妈呢！前段时间，老妈脑溢血，原本老爸还可以勉强照顾，但是老爸不小心摔了腿，我只好丢下工作回来了。哎，人到中年，上有老，小有小，我真正觉得离家近是个宝啊！如果不是已经结婚成家了，还要考虑到老公的意愿，我真的想要回到家乡工作。你看看我现在，原本父母年轻还好，现在父母都六十多岁了，经常生病，我一年要回来好几次，每次都要请长假，老板都想开除我了，我也不知道我的工作还能干多久。但是，原本离父母远就已经是不孝了，如果父母生病了我还不闻不问，岂不是更不孝顺了么！"看到表姐无奈的样子，明丽不由得想起自己的未来。她想到自己的父母已经快七十岁了，如果自己出去打拼几年，还是不得不回家照顾父母，那么真的不如父母所说的那样，去省城工作生活，安家落户，把父母带在身边，一劳永逸呢！就这样，明丽改变了主意，不想再重蹈表姐的覆辙了。

表姐之所以能够成功说服明丽，就是因为她没有像大多数说客一样，第一时间就否定明丽的选择。相反，她第一时间对明丽表示认可和理解，从而使得明丽能够敞开心扉接纳她。后来，她又以自身的生活体验，告诉明丽她的苦恼。其实明丽完全有自己的意见和主张，也能够独立进行思考，这样一来明丽当然能够在慎重思考之后做出明智的选择。

很多人都觉得与志趣相投的人交谈，能够谈笑风生，时间在不知不觉间就流逝了。但是如果与话不投机的人交谈，哪怕半句也是多的，因而没有人愿意与自己唱反调或者话不投机的人交谈。在这种情况下，我们要想说服他人，或者与他人愉快交谈，就必须首先认同他人，成功打开他人的心扉，从而让交谈更加愉快、顺利地进行下去。

话语真诚，才能引起对方的感情共鸣

人与人之间相处的基础，就是真诚。如果没有真诚，人们也许可以表面上看起来关系亲密，但是实际上他们只是面合心不合，与对方根本无法产生感情共鸣。这样一来，交流如何能起到预期的效果呢？只怕一旦我们的虚情假意被对方识破，对方还会对我们严加防范，甚至对我们不以为然呢！因为话语缺乏真诚，就会失去朋友的真心相待，失去爱人的理解和信任，失去同事的鼎力相助，对于现代人而言无疑是得不偿失的。

人是感情动物，每个人都会把感情放在第一位进行考虑。所以一个人即使想对他人晓之以理，也必须首先对他人动之以情。从心理学的角度而言，人们对他人产生心理防范实际上是正常行为。这就像是电脑有防火墙一样，我们也必须消除他人的心防，才能成功走进他人的心里，从而与他人相互理解和信任，使得与他人之间的交流事半功倍。真情，能够引起他人的感情共鸣，也能够成功打动他人的心，使他人对于我们更加信任，也愿意与我们坦诚相见。在社交场合，我们与他人的交流经常会陷入尴尬的局面，其实只要足够真诚，倾注真情，交往的难堪局面就能得以缓解。

自从下岗之后，马姐就开起了出租车，虽然很辛苦，但是总算能够自食其力，养活自己和家人。有一天，马姐大晚上去车站附近搭载客人，有个看起来有些惊慌的年轻人，拉开车门，上了马姐的车。

刚刚走了没多远，到了一条人迹罕至的街道上，年轻人突然拔出一把尖刀，威胁和恐吓马姐："赶紧把钱掏出来，不然我要你的命。"马姐意识到自己身处险境，马上掏出身上一天所得——三百元钱，她把钱递给年轻人，说："这是我一天挣的钱，都给你，请你不要伤害我。我上有老，下有小，还要养家糊口呢！"年轻人显然没想到马姐这么痛快地给钱，有些愣住了，马姐又说："这里还有二十块钱，也给你吧，我知道你一定是走投无路，才会这么做的。其实，我也曾经像你这么难，我能理解你的苦衷。当时我刚刚下岗，找不到工作，但是一家老小却等着吃喝，我丈夫还卧病在床，我甚至都想去卖肾了。"听到马姐的话，年轻人放下了手里的刀子。马姐说："你想去哪里，我送你到你家附近吧。"在年轻人吞吞吐吐说了个地址之后，马姐启动汽车，朝着年轻人的目的地驶去。马姐说："年轻人，我看你挺强壮的。不如找点儿事情做做吧，如今经济这么发达，挣钱的路子很多，只要你肯花力气，养活自己是没问题的。而且走正道多好啊，当你付出很多，坚持努力，你甚至还会有所成就，从而使自己的人生发生质的改变和飞越。也许，你还会飞黄腾达呢！"

到达目的地，年轻人把钱还给马姐，马姐真诚地说："这个钱，就当是姐姐帮你的。你只要走正路，这点儿钱姐姐愿意支持你。"年轻人感动得落下泪来，拿着钱对马姐说："姐姐，我会尽快还你钱的。"

面对突如其来的危险，马姐没有反抗，而是努力以真诚和真情打动年轻人。这样一来，年轻人居然产生了羞愧和懊悔的心，从而决定改过自新，重新做人，这一点从他说要尽早还马姐的钱，可以看出来。

以真诚打动人心，首先要话语真诚，其次还要设身处地为他人着想，才能更加理解他人，把话说到他人的心里去，也能够做到站在对方的立场上说话，最终让对方对我们的话更加认可，也愿意接纳我们的话。

感情，是人与人沟通和相处的桥梁，要想打动他人的心，我们就必须跨越感情的桥梁，从而走入他人内心。当我们与他人推心置腹时，以真情打动他人，才能得到对方的信任。

利用陈年旧事，与对方打好感情牌

常言道，好汉不提当年勇。实际上，好汉要提当年勇，而且在面对好汉的时候，更要主动提起当年勇，才能成功打动好汉的内心，从而让好汉对我们顿生好感。很多人都会打牌，每个人的牌风都是不一样的，而在人生的牌局中，唯有打好感情牌，才能与他人搞好关系，也才能与他人变得更加亲近，相互理解和信任。

从每个孩子呱呱坠地开始，他们的人生就开始渐渐被回忆填满，每个人的人生都是由回忆构成的。当然，每个人的人生都与众不同、不可复制，所以每个人的回忆也都各不相同，充满了酸甜苦辣，带有自己人生的烙印和痕迹。因此在与人交谈时，我们要想第一时间打开他人的心扉，走入他人的心里，从回忆入手是很不错的选择，也是比较便捷的方法。

最近，很多偏僻的山村都想要搞活经济，从而给村民们带来更好的生活。在山东某地的偏僻乡村，百姓们的心思也活络了，村里的负责人很清楚，只有活络的想法还不够，还要找到资金注入，一切的伟大设想才能变成现实。

思来想去，村长决定去上海拜访村里唯一最有出息的娃娃——张伟。原来，张伟是村里几年间唯一考上大学的娃娃，如今在上海帮助岳父打理一家大企业。但是村长年纪大了，又很少出远门，所以无法担当拜访张伟的重任。他只好写了一封推荐信教给村主任，让村主任带着信去见张伟。不过这个村主任是刚刚上任的，因而与张伟互不相识。

按照地址找到张伟之后，村主任被拦在外面，直到出示了村里的介绍信给前台，前台才愿意去帮村主任通报。就这样一波三折，村主任好不容易才见到张伟。但是如今已经是公司总经理的张伟，显然不会因为这封推荐信就信任村主任，村主任也深知这一点，因而并没有一开始就要求张伟给他们投资，而是和张伟说起了村子里的各种事情，还主动向张伟汇报了他父母的情况。说起家乡的事情，张伟自然倍感亲切，因而渐渐对村主任打开了心扉，说起了自己小时候很多搞笑的事情。后来，村主任适时说出融资的请求，张伟丝毫不觉得突兀，而是当即表态："我这个月底正好要回老家一趟，到时候我会找您一起对村子里各方面的条件进行考察，如果合适的话，我会投资的。毕竟我是从村子里走出来的，所以我很愿意为村子里的父老乡亲贡献自己的一份力量。"

村主任还是懂得一些人际相处之道的，所以才没有凭着一封推荐信，就张口向张伟要投资。相反，他初见张伟根本没有提及和钱有关的事情，而是先和张伟说起家乡的事情，勾起张伟对于家乡的回忆，从而使得张伟心中涌起对家乡的思念和亲切之感。这样的感情铺垫之后，村主任再找到合适的时机请求张伟回家乡投资，自然会得到张伟的良好回馈。

需要注意的是，要想引起他人的回忆，我们首先要了解他人的回忆，即更多地知道关于他人过往的事情。否则，如果我们根本不知道他人的回忆方向，又如何能够一语中的，成功勾起他人的回忆呢。其次，为了成功打动他人的心，我们只有在对他人足够了解的情况下，要提起他人心底里最柔软最深切的回忆，这样他人的情感才会被一下子击中，无法自拔。最后，我们在勾起他人回忆时，还要融入自己的感情，这样才能产生感情的共鸣，使得我们与他人的沟通更加感情充沛，事半功倍。否则，如果我们对于动情地陷入回忆中的他人无动于衷，表现得冷冰冰的，又如何能够做到以情动人呢！

第4章

熟络社交，与陌生人谈笑风生的心理策略

很多人最害怕的事情就是面对陌生人，更别说与陌生人攀谈了。实际上，除了亲人之外，我们的所有人际关系都经历过陌生的阶段，我们与每个人都是从陌生到熟悉的。因而，掌握与陌生人交往的技巧，与陌生人谈笑风生，对于我们的人际关系将会产生非常重要的影响，也起着十分积极的作用。要想成为处处受欢迎的社交达人，我们就要提升自身的社交技能，掌握与陌生人交谈的心理策略。

落落大方的你，一定更受陌生人欢迎

常言道，一回生两回熟，意思就是说不管做什么事情，人们都是从陌生到熟悉的，包括人与人的相处也是如此。每个小生命从呱呱坠地开始，睁开眼睛看到父母，对他而言其实也是陌生的。更别说在生活中遇到的其他人，对于他们而言更是从未见过面，也未相处过，因而可以说，人从降临人世开始，就要面对很多陌生人，人认识这个世界的过程，也就是和陌生人从陌生到熟悉、不断相处的过程。

现代社会，人际关系被提升到前所未有的高度，只有具备人际交往能力的人，才能在社会交往中如鱼得水，也才能得到其他人的认可和欢迎。我们虽然羡慕这样的社交达人，却不知道自己应该怎样做才能变成他们那样，也成为人际王，时时处处得到人们的青睐，受到人们的欢迎。现实生活中，有很多朋友一见到陌生人就会觉得很紧张，他们根本不知道如何与陌生人相处，更不知道怎样才能顺利与陌生人搭讪。因此，尽管他们知道多个朋友多条路的道理，却没有掌握把陌生人变成朋友的方法。实际上，一个人是否能够受到陌生人欢迎，并不取决于陌生人，而是很大程度上取决于当事者本人。

要想与陌生人结交，首先我们要有开放的心态，实际上很多人是自己把自己禁锢起来，而并非因为他人的拒绝接受。从这个意义上说，我们要挣脱心灵的囚牢，从而才能让自己变得更加自由自在，让思想也无所禁锢。当然，和陌生人开始说话的第一步，就是我们要敢于和陌生人搭讪，勇于和陌生人寒暄。毕竟，每个人相识的过程，都是从陌生到熟悉，都是从生疏到亲密，但是唯有成功搭讪，才能迈出彼此交往的第一步，也才能打破人与人之间的隔阂。所以朋友们，不要再对陌生人感到自卑啦，我们唯有丢掉胆怯，充满自信地勇敢和陌生人搭讪，才能如愿以偿地与陌生人成为朋友。

正值暑假，叶子每天都要带着女儿去上课。很长一段时间里，她在等待女儿上课时都在看手机，而很少与其他父母搭讪。当然，天天盯着手机不但很累，而且也很枯燥，渐渐地，叶子对于手机失去兴趣，也开始在漫长的等待时间里觉得无聊起来。

一天，叶子正和往常一样百无聊赖地用家乡话和同学聊天，等到她发完一条语音信息，有个妈妈突然惊喜地问："这位妈妈，您也是重庆人啊！"叶子听到熟悉的乡音，不由得激动地问："你是重庆哪里的？"那位妈妈说："万州的呀！"就这样，老乡见老乡，两眼泪汪汪，叶子和那位妈妈一见如故、相见恨晚地畅聊起来。原来，那位妈妈也是陪着儿子来上课的，最重要的是，她的儿子和叶子的女儿还是上同样的课呢！就这样，叶子的等待时间再也不漫长难熬了，这一切都要感谢那位妈妈勇敢地与叶子搭讪，从而消除了她们共同的寂寞和无聊。

生活中，有很多话题都是适合搭讪的，诸如同一个大学毕业的，是校友，或者是老乡，乡音无改鬓毛衰，还可以一起感慨一下在大城市生活的压力。对于有孩子的父母而言，孩子也是最好的搭讪借口，要知道每一位父母在说起孩子时，都会情不自禁地眉飞色舞。这些，都是人们之间彼此搭讪的好话题，也能够缩短人们之间的距离，瞬间变得亲密起来。总而言之，只要我们处处留心，主动与他人搭讪，我们就会结交到更多的朋友，也能够让自己处处受人欢迎。

当然，内心的胆怯自卑并非是马上就能消除的，而是需要一个长期的过程。诸如，我们要想变得勇敢无畏，首先就要树立起自信心，从而不管面对任何人和事情，都能积极主动，绝不胆怯退缩。其次，正如文章开头所说的，凡事都是一回生二回熟，因而要想适应与陌生人打交道，我们就必须拓宽自己的社交面，与更多的陌生人接触，从而提升自己的人际交往能力，让自己如愿以偿地取得进步。总而言之，不要被动地等待陌生人来与你搭讪，而是要勇敢地走向陌生人，主动和陌生人寒暄。假如你无法迈出结识陌生人的第一步，你也就无法认识更多的朋友，所以交朋友的主动权实际上掌握在你自己的手里。

轻松与他人交流，营造良好的沟通氛围

良好的交流，离不开轻松愉悦的交谈氛围。假如谈话陷入僵局，交谈自然也会变成不可能进行的事情，甚至还会被迫终止。因而真正擅长交流的人际交往高手，除了滔滔不绝、口若悬河之外，更懂得营造良好的交流氛围，从而让交流更加顺利地进行下去。

良好的沟通氛围，使交谈的人更加放松，而且心理上不会过于紧张不安。在轻松的状态下，他们更容易敞开心扉，与他人坦诚相见。与此相反，假如每个人与他人交谈时，总是心怀戒备，那么交谈必然只能结束。很多人在交谈方面都存在一个误区，即觉得与陌生人交流时，因为是初次见面，所以一定要非常正式、一本正经。实际上，过于紧张的交谈氛围，只会使得交谈的人全都紧张不安，更不敢把心里话坦诚地说出来。正因为如此，有些人如果想要与其他人深入交流，会选择在昏暗的咖啡馆里，或者与熟悉的人交谈时，还会佐以小酒，这样在小醉微醺的状态下，交谈的人会更真情流露，也因为每个人都敞开心扉，而使得交谈的氛围更好。

总而言之，交谈的氛围从某种程度上决定了人们交谈的深入程度。唯有

在轻松愉悦的环境中，交谈的人才会更加放松，更加惬意，也更愿意袒露内心。遗憾的是，在与他人交往时，尤其是在与陌生人初次见面时，我们时常会遇到很多人都是“闷葫芦”，他们从来不主动搭讪，而且对于他人的寒暄也显得很沉闷，甚至不愿意回答。这是因为他们内心虚弱，性格内向，因而不知道应该如何对他人做出积极回应，也不知道如何主动向他人示好。从本质上而言，沟通实际上是非常主动的交际行为，当人们选择不主动沟通，或者在沟通中总是沉默，从某种意义上也正表现出他们对于沟通的抵触，从而会给交往对象带来巨大的心理压力。

那么，与陌生人初次见面时，我们到底应该怎样做，才能营造出轻松愉悦的谈话氛围呢？实际上，营造良好的谈话氛围也是有技巧的。首先，我们要从自身做起，带个好头。很多人本身对于陌生人就心怀戒备，恨不得像防范一个“坏人”那样防范陌生人，自然无法做到轻松自如地面对陌生人。在这种情况下，我们与陌生人之间的气氛当然会变得紧张起来，而且我们与陌生人的关系也会非常不友好。所谓“己所不欲，勿施于人”，我们要想得到陌生人的善待，就要真诚、友善、敞开心扉地面对陌生人，这样我们才会得到陌生人同样的对待。其次，我们与陌生人交谈时要尽量放松，千万不要草木皆兵。对于陌生人任何不如我们心意的表现，我们都应该宽容，毕竟人与人之间的交往需要漫长的磨合过程，绝非三言两语的交谈就可以实现的。再次，很多朋友说话的时候总是语速过快，给人形成压迫感，如果是熟悉的朋友尚且还能了解他们的说话特点，那么对于陌生人而言，面对一个说话如同连珠炮一样的人，难免会觉得尴尬和无所适从。所以，哪怕你平日里说话语速过快，在面对陌生人时，也应该尽量减缓语速，从而让自己的思维能够与语速相适应，做到相得益彰，互为补充，也能避免因为思维滞后，导致说出让自己后悔的话来。复次，我们不了解陌生人，陌生人也同样不了解我们，因此如果陌生人做出什么让人无法理解的事情，我们也要怀着宽容的态度，绝不轻易对陌生人挑剔和苛责。毕竟，金无足赤，人无完人，我们的宽容也必将换来陌生人的宽容，这样人际关系才能顺利发展，取得更大的进展。最后，既然是沟通与交流，就一定不是单方面的事情。在沟通的过程中，我们与陌生人之间很容易产生思想的碰撞和摩擦，当意见不一致的时候，我们要与陌生人积极沟通，允许求同存异，哪怕一不小心陷入尴尬和难堪之中，我们也要积极主动地转移话题，或者以其他话题打破尴尬和沉默。这样一来，我们与陌生人当然可以更融洽地沟通，也能够更好地相处。

总而言之，与陌生人交谈时，良好的氛围对于谈话的影响很大。我们唯有营造轻松愉悦的交谈氛围，才能使得交谈更加深入，更加顺利进展下去。否则，在严肃紧张的气氛中，只怕大家连话都不愿意说，又谈何真诚和坦率地交流呢！

适度的距离，才让你与对方都舒适

人与人之间是需要安全距离的，细心的朋友会发现，如今很多银行都特意设置了一米线，目的就在于让排队等候的人和正坐在窗口前办理业务的人之间保持适度的安全距离，这样才能保证正在办理业务的人隐私得到有效保护。其实，人与人之间不仅仅需要保持物理距离，更需要保持心理距离。诸如在交谈的时候，很多人说话时喜欢“动手动脚”，或者一边说话，一边为了引起他人对自己的注意而触碰他人。实际上，这是非常不好的行为，因为这样已经入侵了他人的安全距离，使得他人不仅身体上而且心理上也受到侵犯。

真正有礼貌而且懂得尊重他人的人，在与他人交谈时，也会保持适度的距离。所谓距离产生美，这并非只是美学命题，而是完全符合心理学规律的。

每个人都需要适度的个人空间，哪怕是亲密无间的父母子女之间或者是夫妻之间，这样的个人空间也不能完全消除。那么在与陌生人说话时，如果我们是第一次见到陌生人，而且对于陌生人毫无了解，那么就不能轻易随便侵犯陌生人的个人空间。前段时间热播的《欢乐颂》中，安迪因为从小在孤儿院长大，心理上非常孤僻，所以她特别害怕别人触碰她。哪怕是同性不小心碰到她，她也会马上紧张起来，恨不得找个地洞把自己藏起来。这就是童年时期的生活给安迪留下的心理阴影，然而面对陌生人，我们完全不知道他们是否也有这样的心理障碍，所以无论出于什么原因，还是尽量保持距离更好。

当然，凡事都讲究适度，过犹不及。我们既不能对陌生人表现出过分的热情，侵犯陌生人的安全空间，也不能对陌生人过于冷漠，显得冷若冰霜，否则我们就无法顺利与陌生人建立良好的关系。因而真正明智的人，都懂得在与陌生人相处时要把握好适度的距离，从而才能使陌生人对我们消除戒备心理，也做到尽量坦诚相见。

作为一名保险推销员，赵敏完全曲解了主管所说的要对客户热情的意思。每次去做地推的时候，赵敏只要看到有人靠近展板，了解保险的相关信息，马上就会走上前去，开始热情地向客户介绍。但是没等她说几句，围观者就会皱着眉头离开。日久天长，有些人一见到是赵敏在做地推，就马上躲开，别说咨询保险的相关信息了，甚至都不愿意与赵敏照面。就这样，赵敏虽然对于工作非常用心，也很勤奋，但是却始终没有顺利获得订单。她觉得很委屈，因而特意去请教带自己入行的师傅。

为了观察赵敏的工作表现，有一天，师傅和赵敏一起去做地推。通过一段时间的观察，师傅找到了赵敏被拒绝的原因，他对赵敏说："虽然你很努力，也很热情，但是你显然有些热情过头了。现代社会，很多人都对保险并不陌生，他们很愿意自己先去了解一些信息，然后在需要的时候，再找保险代理人咨询。你呢，却偏偏过于热情，在他们刚刚站在宣传展板旁边，还没有看完一行字的时候，就迫不及待地走上前去想要对他们进行填鸭式推销，他们当然会很反感了。其实，下次你可以待在他们身旁不远处，这样既不会使他们觉得自己被推销，而且他们在有了疑惑的第一时间里，也可以向你咨询和求助。这样一来，他们肯定会对你留下比较好的印象。”赵敏按照师傅说的去做，果然很快就取得了好的效果，而且在工作上有了突出的表现。

人人都有安全距离，这个安全距离不但是指身体上的，更是指心理上的。很多推销员在工作中迫不及待地想要获得成功，因而对于工作急于求成，恨不得马上就能取得立竿见影的效果，这也直接导致他们对潜在客户黏得太紧，给潜在客户留下了不好的印象。实际上，没有人愿意接受推销，每个人都想凭借自己的思考做出理智的决断，所以真正高明的推销员会努力引导客户，而不会如同狗皮膏药一样贴在客户身上。这就像是谈恋爱，只有赢得爱人的心，才是真正的追求成功。作为销售人员，也要赢得客户的认可和信任，才算是真正搞定客户，物理上的距离很多时候并不代表什么，如果把握不好尺度，物理距离过近，反而会使客户仓皇逃跑，这就得不偿失了。

通常情况下，亲密的关系应该保持0～0.5米的距离，礼仪上的合理距离应该在0.5～1.5米之间，而社交距离应该保持1.5～3米之间。在人多的公共场合，面对陌生人，最合理的距离是3米之外。所以与陌生人相处时，至少要保持1.5米的距离，当然，握手等身体近距离接触的情况除外，如果遇到外宾有可能行拥抱礼，也可以作为例外。这里所说的距离，是对于人际交往的距离。要想给予对方安全感，避免给予对方心理上的压力和受到侵犯的感觉，我们理应按照这一组数据调整与他人之间的距离。总而言之，很多时候距离并非越近越好。凡事皆有度，我们唯有与他人之间保持合理距离，尤其是与陌生人之间保持安全距离，才能与陌生人更好地交流，避免因为距离过远或者过近，导致陌生人情绪波动。

除了物理上的距离之外，我们也要与陌生人保持一定的心理距离。其实，就算我们面对的不是陌生人而是熟悉的人，我们也同样要与他们保持心理距离。例如，我们在与他人交谈时，哪怕自己是对的，也不要把自己的意见和想法强加于人，否则就会使人产生不愉快的心理，觉得受到强迫。此外，很多父母或者长辈对待孩子，以及其他关系亲密的人之间，总是由于各种原因想要控制他人的生活，这也是不可取的。总而言之，尊重就是建立在距离之上的，我们唯有与他人之间保持适度距离，才能最大限度地尊重他人，也才能赢得他人的尊重。

巧用技巧，让内向的人也变得健谈

与人交往的过程中，我们除了会遇到很多“闷葫芦”之外，也会遇到很多内向的人。和“闷葫芦”天生不爱交际、不喜欢与人交谈相比，实际上内向的人内心里是暗流涌动，而且内向的人往往感情细腻、思维活跃，只是他们不善于表达而已，并不代表他们没有所思所想所感所悟。在这种情况下，我们一旦打开内向者的话匣子，就会发现内向者实际上非常健谈，而且他们的很多观点还特别新颖、独特、深刻。从这个角度而言，内向者就像是一座宝藏，等待着我们去挖掘，去发现他们的价值，这也会让我们惊喜连连。

很多内向的人虽然平日里沉默寡言，但是写文章却是才华横溢，这充分说明他们内心的充实。那么，如何才能打开内向者的心扉，打开他们的话匣子，让他们对我们侃侃而谈呢？毫无疑问，沟通是人际交流的桥梁，人与人之间假如没有沟通，就无法相互了解，更不可能彼此理解。由此可见，沟通对于人际关系也是至关重要的，往往起到无可替代的作用。因而要想与内向的人建立良好的人际关系，打开他们的话匣子，能与他们顺畅沟通，至关重要。

首先，在面对陌生人时，我们不能总是告诉自己对方是陌生人。很多人面对陌生人之所以一个字也说不出来，或者根本没有勇气与陌生人搭讪，就是因为他们心中有一个障碍——他们不停地告诉自己正在面对陌生人。在这种情况下，我们唯有先摆正心态，像对待朋友一样对待陌生人，才能营造自己与陌生人的友好关系，从而成功跳脱出内心的禁锢和囚牢，做到与陌生人和谐相处。

其次，人们对于不熟悉的人，总是心怀戒备，非常紧张。殊不知当我们在防范陌生人时，陌生人实际上也在防范我们。在这种情况下，我们要想打开陌生人的话匣子，一定要先拉近与陌生人之间的距离，从而让陌生人对我们亲近起来。

1984年5月，美国总统里根来中国访问，按计划去了复旦大学与学生们见面。当时，偌大的教室里坐满了学生，看着台下的学生们，里根说："实际上，我与复旦大学很有渊源，而且关系深刻。我的夫人南希曾经在美国史密斯学院读书，与你们的校长谢希德是校友。如此说来，我和在座的各位也毋庸置疑是朋友啦！"里根的这番话，瞬间拉近了学生们与他之间的距离，使得学生们报以热烈的掌声，也与他亲近起来。毫无疑问，接下来的座谈中，学生们和里根相谈甚欢，这次见面给每个人都留下了难以磨灭的美好印象。

里根总统只用了几句真挚的话语，就充分表现出他想要和学生们亲近的愿望，学生们当然觉得他很友好，也愿意与他更加亲近，和谐互动。可以说，里根的这番话就像是一把金钥匙，成功打开了原本紧张、激动的学生们的心。

再次，面对内向的交谈者，对于他们提出的问题或者是疑问，我们一定要积极回应。大多数内向者都心思敏感细腻，他们本来就自信心不足，如果我们对于他们的话置若罔闻，只会使他们更加自卑，因而更不敢主动表达自己。因而对于内向者的任何发言或者问题，我们都要密切关注，并且给予及时回应。这样一来，他们得到我们的反馈，才会受到鼓舞，才会更愿意主动表达。

最后，为了激励内向者更加主动地与我们交流，表露自己的内心，我们应该在合适的时机赞美内向者。当内向者被我们夸奖得飘飘然，在良好的交流氛围中自我感觉良好时，那么他们也会更愿意向我们袒露心扉，从而与我们和谐相处。不过需要注意的是，凡事过犹不及，赞美内向者也要适度，否则就有溜须拍马之嫌疑，而且夸大其词的赞美会给人以嘲讽的意味，很有可能会使敏感的内向者受到伤害。所以，与内向者交谈，我们一定要注意自己的言辞，从而使交谈朝着理想的方向发展。

在和内向者交往之初，我们也许会觉得很难，甚至有些手足无措的感觉。但是一旦打开内向者的心扉，和内向者成功交往，那么我们也会被内向者内心的丰富所吸引，更惊叹于内向者原来如此健谈。因而，最重要的是要有良好的开始，正所谓万事开头难。只要迈过开始时的难关，我们与内向者接下来的交流就会更加顺遂如意，水到渠成。

设身处地为他人着想，打开他人心扉

人与人之间，之所以有着不可逾越的心防，是因为人们知道他人不会完全为自己着想，为了维护自己的合法权益和利益，他们就只好更多地为自己考虑，同时也小心翼翼地防备着他人。那么反过来想，一个人如果想要打开他人的心防，要是能够做到设身处地地为他人着想，无疑是个非常好的方法。这样一来，他人就会更加信任我们，对于我们的意见也会从谏如流，当然我们与他人的交往也会水到渠成，再无障碍。

然而，设身处地地为他人着想说起来虽然简单，但是做起来却很难。这是因为我们不是他人，也不是他人肚子里的蛔虫，所以哪怕我们站在他人的角度思考问题，也不能完全理解他人的感触和体会。在这种情况下，作为旁观者和局外人，我们也只能尽量争取设身处地地为他人着想，从而增进我们与他人之间的关系。

婵莎原本只是小小的秘书，但是却在两年的时间里就被提拔为总经理助理，这与她平日里很擅长为他人着想是分不开的。在当秘书期间，婵莎并没有事不关己、高高挂起，对于很多不属于自己工作范畴的事情，她也总是力所能及地去做。例如，有段时间总经理到办公室很早，婵莎就主动提前把总经理的办公室打扫干净，这样总经理办公的时候就无须再被清洁工打扰。

设身处地地为他人着想，不但使得婵莎赢得了总经理的赏识，而且也为婵莎结下了好人缘。有一次，婵莎去总经理办公室送一份报表，正巧遇到总经理在责备办公室主任小刘没有给他的办公室准备茶叶。看到小刘被总经理训斥得不敢抬头的样子，婵莎马上说："总经理，刘主任每天的繁杂事情也挺多的，肯定是不小心忘记了。要是您不嫌弃，我那里正巧有老家亲戚给的明前茶，一会儿我就给刘主任送去，让刘主任泡着给您尝尝。"婵莎的话成功地给总经理灭了火，刘主任也满怀感激地看着婵莎，因为婵莎给她解了围。

婵莎能够被提升为总经理助理，实际上完全是情理之中的。她凡事都能够设身处地地为他人着想，帮助他人分忧解难，大家当然都很喜欢她，而总经理呢，也恰恰需要这样一个思维缜密、做事周到的下属，所以总经理助理的职位也就非婵莎莫属了。

那么，如何才能做到设身处地地为他人着想，并且以此提升自己的人缘呢？实际上，我们可以先制造自己人效应，当他人觉得我们与他们是同一战壕的战友，那么他人自然会对我们说出的话表示认可，而不会心生排斥。此外，我们还可以与他人寻找共同话题，从他人的角度出发来考虑问题。这样，他人也会对我们心存感激，自然不会时时处处与我们作对。总而言之，要想让他们认可我们的话，与我们产生心理共鸣，我们就不能只以自己为中心，而处处要求他人迁就我们。总而言之，人与人之间的距离并非是不可逾越的，当我们能够成功跨域与他人之间的障碍，我们与他人的关系才会变得更加亲近，我们与他人相处也才会得到有效改善。

消除尴尬，与陌生人谈笑风生

和陌生人初次见面时，彼此陷入沉默之中，无疑是最使人难堪和尴尬的事情。的确，相对无言虽然对于亲密无间的情侣而言是彼此默契的表现，但是对于陌生人之间，则只剩下无言以对的可怕沉默。在这种情况下，如何打破尴尬，就成为交谈者的当务之急。倘若能与陌生人初次见面就谈笑风生，则相处的感觉一定会变得更加美妙。

很多人面对陌生人时，都希望陌生人能够主动一些，打破尴尬。殊不知陌生人和我们的心态一样，也希望我们能够主动，成功融化沉默的坚冰，让彼此之间变得更加熟悉和亲近起来，让语言也成为沟通的精灵，在彼此之间不停地飞舞。无疑，令人窒息的沉默，是每个人都不愿意面对的。

现代职场竞争异常激烈，每个人要想找到心仪的工作，几乎都要过五关斩六将，经过层层面试。然而很多考官都特别纳闷，因为那些在面试时侃侃而谈的求职者，一旦被聘用进入公司工作，面对陌生的同事时，往往显得特别紧张，且木讷寡言。实际上，这才是这些求职者的本来面目，在面试时的出色表现，也许只是他们自我排练若干次的结果。

作为职场新人，小梦在面试时的落落大方、不卑不亢，给考官留下了深刻的印象。但是在正式进入公司之后，足足有一个月，小梦几乎从未和同事们交流过，对于领导布置的工作，不会的地方她也很少向老员工请教。看到小梦在工作上进展缓慢，几乎没有进步，领导觉得很不可思议。领导问小梦：“你都进入公司一个月了，认识几个同事了？又从他们身上学到了什么呢？”小梦有些害羞地说：“我不太擅长和陌生人打交道，我是自己摸索着学习的，所以进度有些慢。”

“陌生人？”领导觉得有些难以置信，毕竟这些所谓的陌生人早在一个月前就已经成为小梦的同事了，而小梦作为职场新人，非但没有主动和同事交往，就算是工作中遇到不懂的地方，也只是自己默默摸索。对于这样的小梦，领导无论如何也无法将其与面试时侃侃而谈的女孩联系起来，未免觉得非常失望。

其实，很多人在面对陌生人，或者突然进入新的环境、面对陌生的集体时，都会如同小梦一样做出类似的反应。他们在陌生人面前因为紧张，导致说起话来也颠三倒四，总是不知所云。对于这样的情况，实际上并非因为陌生人是大老虎，让人感到害怕，而仅仅是因为我们内心里没有端正态度，因而面对陌生人过于紧张。要知道，我们生命中的每一个人，除了我们的父母和亲人与我们有血缘关系之外，对于大多数人，我们与他们都是从陌生到熟悉的。所以我们完全没有必要对陌生人如临大敌，当我们轻松面对陌生人时，你会发现陌生人并没有想象中那么可怕，甚至还非常可爱，还有可能与我们成为好朋友呢。

在和陌生人搭讪时，我们可以采取各种寒暄的方式，从天气、娱乐新闻或者只是一件不相干的事情谈起，与陌生人搭上话茬。此外，如果对陌生人实在是心中没底，也可以采取试探的方法，以适当话题与陌生人搭讪，从而观察陌生人的态度，再制定下一步的交往策略。当然，如果你是个直性子，不喜欢迂回曲折、避直就曲，那么你也可以开门见山向陌生人作自我介绍，从而与陌生人相对正式地相识。总而言之，只要我们足够真诚友善，把话说到陌生人的心里去，那么，我们就能成功打动陌生人，与陌生人的交往也会水到渠成。

第 5 章

让他人领会你的思路，运用心理暗示的说话策略

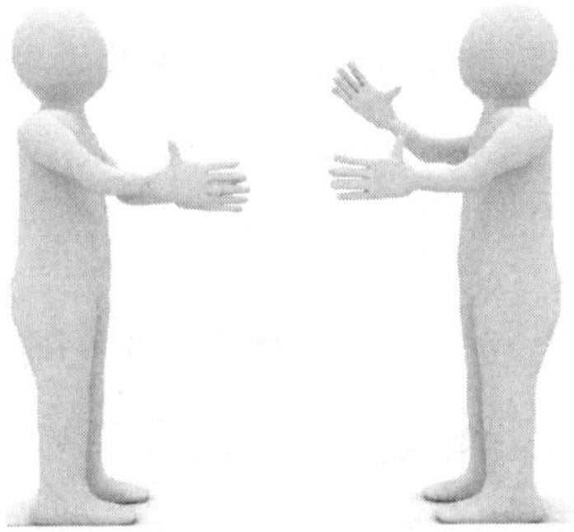

没有人愿意被他人指挥或者控制，因而有诗云："生命诚可贵，爱情价更高，若为自由故，两者皆可抛。"这首诗告诉我们，每个人的本性就是追求自由。因而我们在与他人相处的过程中，千万不要随随便便对他人颐指气使，而要想让他人听我们的话，就要多多使用暗示的方法，而尽量减少使用命令的口吻。

巧用语言暗示，牵着对方的思路走

人与人之间交流，最重要的是使用语言作为交流的工具和沟通的介质。的确，人们之间进行语言交流，目的就在于传递信息，抒发自己的情感和情绪，表达自己的观点和意见。这一切思想的交流活动，如果离开语言，都是不可能完成的。很多人现实生活中习惯于直截了当、开门见山地表达自己，实际上，很多话一旦明确说出来，就失去了意义。对于那些无法言明的话，对于那些不得不说出来的话语，我们完全可以使用打暗语的方式来与他人沟通。通常情况下，没有人愿意接受别人的操控和指挥，但是不管是在生活中还是在工作中，很多时候我们偏偏需要与他人更好地交流和沟通，有时还需要让他人按照我们的意思去做，这样一来，我们直截了当命令他人一定会被拒绝，那么我们就可以使用暗语，从而使他们在潜移默化中接受我们的影响和引导，最终让事情朝着我们所期望的方向发展，也让他人的表现更加符合我们的预期。

在金融危机席卷全球的时候，美国经济也处于下行阶段，很多年轻人大学毕业后都面临待业的局面，根本找不到合适的工作。莉莉也是待业大军中的一员，大学毕业后整整半年，她才找到现在的这份工作——珠宝店的销售员。虽然这份工作与莉莉的理想相去甚远，但是就业形势如此严峻，莉莉对于这份能帮助自己自力更生，而且能帮助自己减轻妈妈负担的工作，非常珍惜。每天早晨，她都早早去到店里开门，而且还会主动打扫卫生。平安夜，天上突然下起大雪，天气变得异常寒冷。次日圣诞节，因为路很难走，莉莉比往常更早地起床，才能按时到达店里打扫卫生。

莉莉来到店里的时候，天色还很早，大街上人烟稀少，天气寒冷，大家都不愿意那么早起床了。莉莉打开店门，和往常一样拿出一盒戒指，准备擦拭。正当此时，她看到有个衣衫褴褛的中年男人推门而入，又看到那个男人非常憔悴，莉莉不由得紧张起来。正当此时，电话铃声突然响起，莉莉一紧张，手一抖动，居然把戒指盒子打翻了。莉莉三言两语接完电话，赶紧低头在地上寻找戒指。然而，她努力找了很长时间，依然有一枚戒指不见踪迹。这时，莉莉突然看到那个中年男人已经走到了店门口，正准备推门而出。莉莉心中猛然一惊，意识到那枚戒指一定在男人的手里。怎么办？此时街道上人烟稀少，商场里的保安也还没有上班，如果莉莉呼救，肯定后果不堪设想。为此，莉莉突然说："很抱歉，先生。您知道，现在找工作很难，这是我大学毕业后半年才找到的工作。我没有父亲，母亲辛苦工作，供养我和弟弟。现在我好不容易工作了，我想为她分担负担……"莉莉的话虽然听起来有些无厘头，但是男人却站住了，显然他听懂了莉莉的意思。

男人回过身，走向莉莉，并且向着莉莉伸出右手，说："你一定能够做好这份工作！"莉莉迎上前来，和男人握手，感受到那枚戒指正在她的手心里散发温度。她真诚地看着男人，说："先生，您一定会有好运气的！"

就这样，在危急关头，镇定冷静的莉莉赢得了好运气，她成功打动男人，从而要回了那枚戒指。假如莉莉不是使用这样暗示的方法，而是直接呼救，甚至和男人争抢这枚戒指，那么结果一定会不尽如人意。幸好莉莉的平静也安抚了男人紧张不安的心情，让男人能够经过理智思考之后，选择帮助莉莉保住这份工作。不得不说，莉莉的暗示起到了非常好的作用。

在暗示他人时，为了让暗示起到较好的效果，首先，我们应该以友好温和的语气和他人说话。其次，我们还要站在对方的角度上思考问题，设身处地地理解对方，而不要把对方放在我们的对立面，使得对方对我们的任何言行都心怀警惕。此外，我们还可以暗示对方我们其实和对方的经历很相似，从而引起对方的感情共鸣，让对方意识到我们也很艰难，从而理解和同情我们。总而言之，我们必须更真诚地对待他人，打消他人对我们的戒备和疑虑，才能得以事半功倍地暗示和影响他人，让他人循着我们的思路走下去。

称呼亲密无间，让对方误以为与你很亲密

在与他人交往的过程中，随着我们与他人从陌生到熟悉，再到相知，再到关系亲密，我们对他人的称呼也会不断地改变。诸如对于刚刚认识的人，我们一般以尊敬的称呼称呼他人，虽然看起来有礼有节，但是这种情况下我们与他人的关系其实是非常疏远的。随着不断相处，关系变得亲近起来，我们与他人的关系也会渐渐熟悉。这时候，我们对于他人的称呼会变得更加随意，诸如不再对他人指名道姓，而是对他人直呼其名，甚至还会去掉姓，直接称呼他人的名字。等到关系变得亲密无间，我们甚至还会给他人起绰号，称呼也变得越来越随意。如果是异性之间，从陌生到相识相知，再到心心相印，彼此之间的称呼也会从最开始最远的距离，变得一个眼神就能明白彼此的心意。因而在人群之中，我们仅凭人们彼此之间的称呼， 就能判断人与人之间关系的远近亲疏。

既然不同关系的人之间，称呼也是不同的。那么当我们想要与他人拉近关系的时候，是否也可以借助于称呼呢？这就像是数学题上的举一反三，关系的远近与称呼之间不但是正相关，而且反过来也是可行的。因而，我们完全可以以亲近的称呼称呼他人，从而让他人形成一种错觉，觉得自己与我们之间的

关系远远比他想象中更亲密。这样一来，他人当然不好意思再故意疏远我们，甚至还会因为我们对他们的“心意”，而与我们友好相待呢！

大学毕业后，青青进入一家大公司工作。但是因为初来乍到，既不认识任何同事，而且也没有工作经验，工作上总是遇到很多的难题，所以青青的表现并不好。如此过了一个月之后，青青在工作上也没有大的进展和进步，她总觉得同事们都在排挤她，也在排斥她，因而越来越自卑。

青青每天都觉得很窒息，不知道自己到底还能坚持多久，她想到了辞职，然而这份工作得来不易，她又不愿意轻易放弃。思来想去，青青决定求助于曾经的老师。老师得知青青的情况后，对青青说：“你一下子进入一个陌生的环境，有这样的感受和困惑完全是正常的。最重要的在于，你不要把自己孤立起来，而要想办法让自己和公司里至少一个人熟悉起来，这样那个人就会为你引荐更多的人，你也不至于觉得上班是一种折磨了。”后来，老师还告诉青青，要想和他人拉近关系，可以采取使用亲密称呼的方式。青青自己并没有好的方法，因而决定按照老师说的试一试。

周一工作日，青青和大多数职场人士一样行色匆匆赶到公司。她遇到的第一个人是办公室里年纪稍微大一点儿的张姐，因而青青马上亲昵地和张姐打招呼：“张姐，早上好啊！你今天的衣服好漂亮啊，看起来非常清新脱俗，很减龄呢！”张姐听到青青这样和自己打招呼，显然有些诧异，因为她之前和青青根本不熟悉啊，不过伸手不打笑脸人，既然青青都主动和她示好了，她也当即热情回应。得到张姐的积极回应，青青觉得很惊讶，也很高兴。她暗暗想：看来老师说的是对的。

中午吃饭的时候，青青主动邀请和自己年纪相仿的刘楠一起进餐，而且她也像平日里与刘楠交好的同事那样称呼刘楠：“楠楠，吃饭了吗？咱们一起吧！”就这样，青青很快就和大多数同事熟悉起来，她掌握亲密称呼的方法之后一个星期内认识的同事，甚至比此前一个月认识的都多得多。如今，青青和大多数同事都非常熟悉，而且大家也都很喜欢她。只有青青知道，这一切都是老师的好方法在起效果。

青青用亲密的称呼称呼同事们，使得她与同事们之间的距离瞬间变得近了起来。实际上，也许很多同事在初次听到青青这么亲昵地称呼自己时，都会觉得很惊讶，但是事实却是，青青的确是在使用亲密称呼的方式拉近了自己与同事之间的距离。但是，面对着面带微笑、热情友好的青青，他们根本无法拒绝青青的好意，只能也做出积极友善的回应，这样一来青青就如愿以偿了。

需要注意的是，人际交往之间最忌讳交浅言深，虽然一个称呼算不上言深，但是我们也还是要注意，对于他人的亲密称呼一定要适度。如果把人际关系按照远近亲疏分成十个等级，而一级作为最低级，十级作为最高级。那么当我们与他人的关系在三级，我们顶多用四级的称呼来称呼他人，而切勿一下子调高到八九十级，否则一定会使别人觉得我们过于轻浮和突兀，甚至于对我们的用心产生怀疑。所谓凡事皆有度，过犹不及，用称呼暗示亲密度也是要有分寸的，不然就会导致事与愿违。此外，除了称呼之外，我们与他人交谈时的语气，也会表现出我们与他人的亲密度。因而在与他人交流时，为了拉近与他人之间的距离，我们也不妨适度使用亲密的语气。或者，我们在说话时还可以多多使用“我们”这样带有感情色彩的人称代词，从而使他人意识到与我们是同一战壕的战友，自然在心理上与我们也会更加贴近。

利用随大溜心理，让对方接受“大众观点”

现实生活中，我们总是把“我们认为”“每个人都”“他们都觉得”等这样的语言，挂在嘴边。而且在意见不统一的时刻，人们也会遵循少数服从多数的原则，认为少数人必须遵从于大多数人。实际上，这既是约定俗成的准则，也因为大多数人都有随大溜的心理，也就是心理学上所说的从众心理。

尽管在历史上，有相当一部分人都认为真理掌握在少数人手中，但是他们依然不自觉地随大溜，这也是从众心理在作怪。尤其是在人多的场合，如果大多数人的意见是统一的，只有他一个人与大家唱反调，那么他就会情不自禁地隐藏自己的观点，收敛自己的锋芒，从而认可他人的观点。在人际交往中，人们也有这种心态，假如我们与人相处时，或者在说服他人时，能够运用人们的从众心理，那么我们的说服工作就会事半功倍、马到成功。

从众心理，来源于动物界的羊群效应。人们发现，羊群的组织结构是非常松散的，总是无组织无纪律、漫无目的地展开行动。而且在整个羊群里，一旦有任何一只羊率先做出任何举动，其他羊就都会不假思索地跟随，导致一哄而上，哪怕面对危险也在所不惜。这并非是因为羊具有团结力和凝聚力，而只是因为羊缺乏判断力，愿意相信其他羊。这种行为投射到人群中，就是所谓的跟风行为。细心的人会发现一个奇怪的现象，即如果一个人看到其他很多人都在做一件事情，那么哪怕做这件事情并非出于这个人的本心，他也会跟着去做。这也是很多人商场搞促销，或者是路边摊为了招揽客户，总是专门花钱雇用很多人造成哄抢假象的原因。

作为走街串巷的货郎，小五偶尔也会批发一些日常用品和零碎东西一起卖。这不，眼看着天气越来越冷了，家家户户都在套被子，小五就批发了很多床罩，去到偏僻的地方叫卖。这一天，小五来到一个油田，这里地广人多，而且居民几乎都是油田里的工人，因而彼此都认识。

小五放下担子吆喝着，很快就有一个中年妇女走过来看被罩。显而易见，中年妇女很喜欢这个被罩，因而爱不释手，但是不知道是由于价格原因还是什么其他的原因，她一时之间又无法做出决定，所以显得很犹豫。小五看穿了这个中年妇女的心思，突然说："大姐，买吧，我来到你们油田一个上午，都卖出去十几床被罩了。就在前面那一排的第一家，上周也买了我的被罩，说起来你们应该都认识呢！刚才我在路上遇到那家的女主人，她正出门，还说下次我再来，还要再买两床被罩呢！”听到小五的话，中年妇女显然打定主意了，她很快就掏出钱买了两床被罩。

小五的推销之所以能够成功，就是因为他抓住了中年妇女的从众心理。在这个油田里，大多数住户都是油田里的人，住得近的职工们更是相互熟悉，也当了多年的老邻居。因而当听到小五说前排的女主人买了这个被罩时，中年妇女心中的犹豫和疑惑也马上消除了。

在现实生活中，每个人都会不同程度地表现出从众的倾向，他们很愿意服从大多数人，是因为他们觉得法不责众，只要和很多人一起行动，哪怕做的事情是错误的，他们也情不自禁地感到底气十足。在营销的过程中，很多名牌的企业都会邀请知名的明星代言，也正是利用人们对明星的信任、追随，从而成功把产品推销出去的。当然，如果我们在交谈中想要利用从众心理说服他人，也是要注意一些细节的。首先，既然是从众和随大溜心理，我们就要把他人都这么做的消息告诉对方，从而增强说服力。其次，我们所说的众人还应该是对方认识或者信服的人，这样说服的效果会更好。总而言之，人们虽然倾向于从众，却也不会盲目从众，所以不管我们所说的众人是谁，都应该是能够对人们产生影响的。

戴高帽，也是拒绝对方的好方式

生活中，每个人都是凡人，没有人是无所不能的，也不可能做到面面俱到。因而在面对生活中很多难以逾越的难题时，大多数人在自知能力不足时，都会想方设法从外界或者他人那里寻求帮助，这是人之常情。我们不但经常面临窘境，需要他人帮忙，也常常会被他人求助。那么，作为求助者，我们总是希望他人能够慷慨地向我们伸出援手，但是作为被求助者，假如我们心有余而力不足，或者因为各种原因无法帮助他人时，我们又该怎样拒绝呢？

毫无疑问，大多数人都觉得张口求人很难，实际上拒绝他人是更难的。因为张口求人至少我们还掌握着主动权，我们可以决定自己是否求助于他人，也可以决定自己是否想方设法以一己之力渡过难关，但是面对他人突然求助于我们，而我们是毫无防备的，也是事发突然的时候，我们就必须具备随机应变的能力，才能委婉拒绝他人，既不至于让自己为难，也不至于让别人难堪。

尤其是那些人缘好的人，或者是不懂得拒绝的滥好人，他们在面对他人的求助时，总是觉得有些手足无措。他们心地善良，觉得帮助别人是自己的分内之事，他们从来不会说“不”，这也导致他们虽然付出了很多，身心俱疲，但是面对的情况却越来越糟糕。这是因为很多时候，不会拒绝的人会渐渐从帮助他人，变成了自己实际上是欠着他人的情况，这无疑是出力不讨好的事情。也有些人因为不懂得拒绝，当时虽然痛痛快快答应了他人的请求，事后却因为能力不足导致自己根本做不到，这无疑会给他人带来更大的麻烦，还不如一开始就拒绝他人，让他人另想办法呢！从这个角度而言，不管是为了自己，还是为了不耽误他人，我们都要学会当机立断地拒绝，而不要拖泥带水，引起歧义。人非圣贤，每个人都无法完成自己每一个心愿，所以我们常常因为能力不足无法帮助他人，或者因为其他原因导致分身乏术，都是在所难免的，也是可以理解的。

有些人害怕因为拒绝他人，而导致得罪他人，其实只要拒绝方式得当，他人是不会因为拒绝而疏远我们，甚至与我们绝交的。否则，面对一个不能理解和体谅你，而是觉得向你求助是理所应当的朋友，失去了也许反而是一件好事情。

作为名牌大学的高材生，俊生大学毕业后没有回偏僻的家乡，而是选择留在北京打拼。他有信心凭借自己的实力，创造属于自己的人生，而根本不愿意像父母一样一辈子都窝在一个小地方，默默无闻地过完一生。

为了尽快安定下来，在毕业前夕，俊生就和大多数同学一样，一有闲暇就带着简历四处参加招聘会。有的时候，他甚至还会想方设法从网络上查到那些大公司的联系方式，主动投递简历。遗憾的是，随着就业形势越来越严峻，俊生的简历都如同石沉大海，再也没有了消息。眼看着已经毕业一个多月了，依然暂住在学生宿舍的俊生心急如焚。就在此时，他无意间邂逅了上一届的师哥。他请求师哥："师哥，现在工作难找，你是行政助理啊，应该可以说得上话，帮我找份工作吧！我要是再找不到工作，就要睡到大马路上去了。"师哥也只是个入职才一年的行政助理，他很清楚自己没有这样的能力，但是又不好意思承认自己无能为力，因而笑着说："别啊，我还指望着你将来能提携我呢！你这个小师弟可不简单，在学校里是学生会主席，我可是早就知道你的大名啊！和你相比，我也就是早一年毕业而已，但是我的能力比你可差远了！再耐心找找吧，就像谈恋爱需要缘分一样，找工作也要机缘巧合，说不定你再坚持一下就碰到合适的了呢！"

听到师哥的谦虚之词和对自己的恭维之词，俊生再也不提让师哥给介绍工作的事情了。和师哥留下联系方式后，他就带着简历又急匆匆地去找工作了。

师哥比俊生早一年毕业，但是也依然是职场新人，作为一个小小的行政助理，他根本没有能力为俊生介绍工作。不过师哥到底是师哥，还是很爱面子的，不好意思公然承认自己能力不足，只有以给俊生戴高帽子的方式，抬高俊生，从而委婉表达了自己的拒绝之意。

拒绝他人时，我们可以根据情况采取不同的拒绝方法，但是一定要顾全对方的颜面，保护对方的自尊，千万不要对对方恶言恶语，肆意嘲讽，否则就会从此失去一个朋友，多了一个敌人，可谓事与愿违，得不偿失。采用恭维对方、给对方戴高帽子的方式拒绝对方，恰恰维护了对方的尊严，给足了对方的面子，因而能够让对方意识到我们拒绝的意思，又不至于觉得难看，所以是比较好的拒绝方法。

开玩笑，也是一种很好的暗示方法

一直以来，在传统观念的影响下，有很多人都羞于谈钱。一旦谈起金钱，他们就会觉得面红耳赤，甚至觉得金钱是肮脏龌龊的，而真正高尚的人一定会视金钱为粪土，根本不把金钱看在眼里。包括很多情侣之间，甚至是夫妻之间，依然在提起钱的时候觉得非常尴尬。难道金钱真的这么不可提及吗？其实不然。人虽然追求更高层次的精神生活，但是人首先要活着，要满足自己的基本生理需求，才能考虑到更高层次的追求。

现代社会已经不是农耕时代，人们不可能凡事都自给自足，一个人总要和他人打交道，更需要金钱作为流通的货币，为自己换取生活所需。在这种情况下，如果人们还是羞于谈钱，那么就会导致自己寸步难行。这句话毫不夸张，在现代社会，一个人如果没有钱，的确是会寸步难行的。现代婚姻中，和那些羞于谈钱的夫妻恰恰相反，很多妻子都似乎掉进了钱眼里，张口闭口都是钱，似乎离了钱就没法说话一样。毫无疑问，对钱这样的态度也是不对的，毕竟生活中除了钱以外，还有更多的事情值得我们去关注，夫妻之间除了钱之外，也还有更值得珍惜的情谊。有些妻子把丈夫管成了“妻管严”，甚至有的人给丈夫只够吃饭的钱，而根本没有给丈夫的人际交往留出余钱。这种情况下，丈夫大多数都会给自己准备个小金库，以备不时之需，而一旦被妻子发现，轻则没收，重则会导致一场家庭大战。不得不说，金钱变成了让人既爱又恨的东西，很多人表面上对金钱无所谓，实际上心里斤斤计较、精打细算，恨不得把每一分钱都掰成两半去花呢！其实，对待金钱正确的态度是不卑不亢，既不以谈论金钱为耻辱，又不觉得金钱就能解决一切问题。遗憾的是，现实生活中能够做到这一点的人却少之又少。

很多妻子为了让丈夫主动交出私房钱，甚至还会以开玩笑的方式用“诈”的方法，让丈夫缴械投降，不得不说，这倒也不失为一个有趣而且有效的办法。

林木自从结婚后，就变得囊中羞涩，就连偶尔和哥们在一起聚一聚，他也根本不敢主动提出要埋单。这和林木婚前慷慨大方的形象截然不同，因而哥们全都笑话林木，说林木是个“妻管严”。实际上，林木真的是妻管严，自从结婚之后，妻子就不让他多花钱，而是要攒钱买房。对于妻子的想法，林木也能理解，毕竟妻子是和他裸婚的，未来家庭生活的一切基础都要妻子精打细算经营。但是，也不能就这样在哥们面前丢了面子啊。思来想去，林木决定积攒一笔私房钱，以备不时之需。

林木每个月都有300元钱的饭补、话补和交通补助。以前，林木总是把这些钱通通花掉，也不愿意从家里带饭。自从想攒私房钱之后，他就经常从家里带饭吃，偶尔还会干点儿私活。渐渐地，妻子觉察到林木的反常，也想到林木可能想要“谋反”，因而就开始动起脑筋，想让林木主动把“外快”都交上来。一天晚上，正在吃饭的时候，妻子突然笑吟吟地对林木说：“听说最近男人们很流行积攒私房钱，我今天在打扫卫生的时候，也从一个意想不到的地方捡到了一张存折，不知道这是天上掉馅饼呢，还是某人的私房钱啊！”林木一听妻子已经找到了存折，马上缴械投降，说：“老婆，我真的不是故意的，我原本是想攒钱给你买条项链的，既然被你发现了，钱也攒得差不多了，那你就去给自己买条喜欢的项链吧，就当是结婚周年我送你的礼物吧。”妻子听到林木承认了，不由得暗自窃喜，却依然装作平静地说："好吧。为了尊重你，我把存折还放在原来的地方，没有擅自没收。现在，你去把存折拿来给我吧，你的心意我领了，谢谢你，亲爱的老公。"在看到妻子说最后一句话时嘴角现出的狡黠笑容时，林木突然有种上当受骗的感觉。

为了让林木主动交出私房钱，妻子使用的这个方法其实很好，可谓进可攻，退可守。如果林木说自己没有私房钱，那么妻子也可以说自己是在开玩笑呢。这样，林木根本没有理由生气，只能随着妻子一笑了之，把这件事情宣告结束。现实生活中，夫妻之间虽然应该毫无秘密，但是现实却是，很多夫妻都会有自己的小小心思。当然，这并非说这样的心思不好，如果夫妻之间能够斗智斗勇，也倒是给夫妻生活增加了乐趣。

现实生活中，不仅夫妻之间可以使用玩笑的方式"诈"对方的秘密，在和其他人相处时，为了卓有成效地达到目的，我们也同样可以使用玩笑的方式，谎称已经发现了对方的秘密，说不定会有意外的惊喜收获哦！当然，既然是玩笑，也要注意适度，千万不可过度过分，更不要伤害对方。唯有在友好的范畴内，我们的玩笑才能起到预期的效果！

第6章

让别人赞同你，掌握沟通主动权的说话策略

生活中，我们常常需要让他人赞同我们，接纳我们的思想和观点。实际上，每个人都是这个世界上独一无二的个体，每个人都有自己的思想和观点，那么赢得别人的赞同并非我们想象中那么容易。很多人习惯了在沟通中表现得怯懦，有的人习惯了在沟通中掌握主动。实际上不管是被动还是主动，要想赢得他人的赞同，我们还是要注意方式方法，才能让他人对我们从谏如流。

委婉表达，释放自己的委屈和不满

细心的人会发现，即越是陌生人之间，越是会彼此尊重，彬彬有礼，人们对待陌生人时也会表现得更加宽容，而不会过于苛责。但是对于熟悉且亲密的人呢，很少有人会怀着宽容的心态对待他人，而是会非常挑剔苛责。比如情侣之间，尤其是夫妻之间，相看两欢喜的时候少，相看两生厌或者两无言的时候居多。这正应了那句话，相爱容易相处难，越是关系亲密的人之间，越容易表现出不满情绪，从而伤害彼此的感情，导致交往变得更加艰难晦涩，无法进行下去。

实际上，人与人之间的关系并非都是一成不变的。很多时候，只要我们愿意，我们总是能够找到恰到好处的方法对待他人，达到既不伤害他人，又委婉表达自身不满和委屈的目的。其实，如果不好意思直接指责他人，我们也是可以以自言自语的方式向他人暗示我们的不满。这样一来，我们既表露了自己的心声，别人就算听到我们喃喃自语的抱怨，也无法与我们反目，毕竟我们是在自言自语呀，难道我们连自言自语的权利都没有了吗？

现实生活中，大多数人都无法接受他人对自己的指责，因而我们可以想方设法让他人无意间听到我们的抱怨，了解我们的想法，而又无从责怪我们。比如有的婆媳在一起生活和居住，彼此关系紧张，甚至到了水火不容的地步，那么婆媳都要比较注意，尽量减少正面冲突。假如儿媳妇发现婆婆总是看电视，影响自己的作息了，那么可以嘀嘀咕咕："哎呀，一天工作这么累，回到家里还总是有声音，根本没法安心休息。什么时候家里的电视才能放个假，不要天天工作到深夜啊！"显而易见，儿媳妇的话是自言自语，而且她并没有毫不掩饰地指责婆婆。在这种情况下，婆婆当然也挑剔不出儿媳妇的错误来，但是又因为了解了儿媳妇的苦衷，必然要有所收敛。如此一来，儿媳妇和婆婆并没有产生任何冲突，却达到了目的，岂非两全其美吗？毕竟自言自语没有攻击性，但是与事情相关的人却会因为这样的暗示，从而主动反思自己，从而使得事情得以圆满解决。

大学毕业后，很多大学生才开始工作，经济实力并不强，因而居住方面以与人合租为多。婷婷和桃桃是大学同学，如今也是同事，因而理所当然共处一室，而且还睡在一张床上。刚开始工作时，她们对于毕业后截然不同于学校的生活感到很新鲜，也算相安无事。但是随着时间的流逝，婷婷开始对桃桃有意见。

比如婷婷和桃桃偶尔会和其他室友一起吃饭，或者其他室友做了好吃的，也会喊她们一起吃。时间长了，婷婷总是主动买些食材、水果等东西回家，毕竟总吃别人做好的，别人不但要花钱买食物，而且还花费了很多的时间和精力呢。但是桃桃却不这么想，她总觉得自己吃得少，认为自己只要吃几口就饱了，所以从来不买东西带回家。渐渐地，室友再做饭的时候就只喊婷婷，故意冷落桃桃，婷婷虽然暗示了桃桃几次，桃桃却都装作听不懂的样子继续蹭吃蹭喝。

再如，婷婷和桃桃、甜甜一起上班，一起回家吃饭睡觉，有的时候在回家路上买水果或者是买快餐，桃桃总是不带钱，而是让婷婷帮她垫付，说回家之后就给婷婷。但是一次又一次，桃桃不是完全忘记这回事，就是会自动舍掉零头，从而只给婷婷一部分钱。而且桃桃从未买过日常生活用品，诸如洗发水啊沐浴露啊，她从来都只是用婷婷的，还非常浪费，从不珍惜。渐渐地，婷婷对桃桃实在忍无可忍了，但是又不好意思直接和桃桃说。有一天，婷婷故意打开卫生间的门，大声抱怨："上帝啊，这是谁天天都在喝我的洗发水和沐浴露吗？我怎么买一大瓶洗发水和沐浴露，但是只要一个多月就被用光了呀！我的工资全都用来买洗发水和沐浴露啦！"桃桃听到婷婷的话，再也不好意思继续蹭婷婷的洗发水沐浴露用，只好自己去买了。

对于很多厚脸皮的人而言，只是委婉地暗示，并不能让他们有所收敛。这种情况下，如果故意大声抱怨或者自言自语，那么他们无论如何也不能继续伪装下去。现实生活中，我们经常会对他人的言行不满，如果不想与他人起正面冲突，故意自言自语表达自己内心的想法，是一种非常好的方法，能够避开他人的锋芒，又能达到自己发泄和提醒他人的目的，可谓一举两得。

通常情况下，人们更愿意相信自己，因为大多数人都不愿意被他人指挥，而是想要遵从自己的内心做出改变。正因为这样，我们才要更加学会以巧妙的方式表达不满，从而避免犀利的言辞伤害他人，也得以维护与他人之间的良好关系。

把你的观点，变成对方的观点

每个人都是这个世界上独一无二的存在，有自己的思想观点，有自己独特的成长经历和人生背景，对于事情的理解也带有强烈的主观色彩。因而，在面对他人的指指点点时，大多数人都表示反感，而很少有人愿意接受他人的意见或者建议。那么，当我们要向他人灌输我们的观点时，应该怎么做才能尽量减少他人对我们的抵触和排斥心理，从而使他人更愿意接受我们的观点呢？一个人也许会抵触他人，但是却不会对抗自己，因而要想让我们的观点被他人接受，那么最根本且高效的方法在于，把我们的观点转化为他人的观点。这样一来，还谈何是否接受呢？因为这个观点原本就是他自己的观点啊！只要做到这一点，所有难题就会迎刃而解。

相比起接受他人的命令和安排，我们更愿意按照自己的想法做事。细心的朋友们会发现，我们更加信奉自己的观点，而对于他人的观点，哪怕是再完美的，我们也不会欣然接受。这是人之常情，其实无可指责。因而明智的朋友不会把自己的观点强加于人，而是会采取提建议的方式，让他人考虑我们的建议，从而最终自己得出结论，按照自己的明智决定去做。曾经有位名人说，说服工作是否成功，就在于被说服者是心甘情愿按照我们所说的去做，还是勉为其难甚至是不愿意接受我们的观点。

在担任纽约州长期间，西奥多·罗斯福做出了一件伟大的事情。他提出了很多改革方案，尽管被很多重要人物反对，但是他却勇往直前，最终获得成功。他到底是怎么做到这一点的呢？难道那些重要人物会听他的话吗？其实，罗斯福之所以能做到这一点，并非因为他有与众不同的能力，而是因为他很擅长说服他人。

每次有职位空缺出来，罗斯福并不会指定任何人来填补空缺，而是请那些重要人物为他推荐哪些人曾经从事过相似或者相同的职务。刚开始时，那些重要人物的确会提名很多能力方面有欠缺的人，甚至是毫无能力而只会拖后腿的人。对此，罗斯福没有气恼，而是心平气和地告诉他们，允许这样的人上台，只会得到公众的一直反对。后来，那些重要人物又会给罗斯福推荐能力平庸的人，这些人虽然没有错误可指责，但是也没有任何功劳值得炫耀。为此，罗斯福不得不再次告诉那些重要人物，这样的人根本不符合公众的预期。

无奈之下，那些重要人物不得不进行第三次提名。但是结果依然不尽如人意。在被罗斯福拒绝后，他们进行第四次提议，这次他们终于说出了罗斯福心仪的人。罗斯福当然会对那些重要人物的帮助表示衷心的感谢，并且顺水推舟对那些重要人物第四次提名的人委以重任。当然，罗斯福没有把这一切归功于自己，而是把所有功劳都记到那些重要人物头上。他告诉那些重要人物们，正是因为有了他们的推荐，他才能提拔有用的人才。这些重要人物全都沾沾自喜，觉得罗斯福的功劳全都是他们的，等到罗斯福提出各种法案时，他们全都举手表决通过。就这样，罗斯福成功了，他把自己的想法变成了那些重要人物的想法，而且还对那些重要人物的出色表现表示赞许。最终，那些重要人物们都很喜欢罗斯福，而且对于罗斯福的各种提案全都通过。

毫无疑问，罗斯福的很多提案的确至关重要，也牵涉到很多人的利益，所以可以想象，罗斯福的提案要想通过是很难的。但是罗斯福非常聪明，他把主动权交给那些重要人物，并且引导那些重要人物做出他想要的决定，最终使得那些重要人物都对他感到很满意，也坚决拥护他的各种提案。的确，有谁会反对自己呢？把我们的想法变成他人的想法，我们当然会得到他人的衷心拥护。

任何时候，我们要想得到他人的支持，就要努力想方设法把我们的想法和观点转化为他人的想法和观点。唯有如此，他人才会真诚地支持和认可我们，我们也才能如愿以偿获得成功。

理性分析，以客观公正征服对方

人是感性的动物，这也就注定了很多人都会因此陷入主观的误区，导致根本看不清自己，也看不清身边的人和事。就像是眼睛被蒙蔽了，当然是很危险的，我们也许会不小心撞到桌角，撞翻板凳，而且还有可能导致自己置身于危险之中。被主观蒙蔽，就相当于我们心灵的眼睛也遭遇了蒙蔽，这会影响我们的判断，导致我们无法客观公正地评价自己，更无法客观公正地对待这个世界。

每个人都有这样的误区，只不过明智的人能够以理智和清醒的自我判断，从这个误区中跳脱出来。而不够明智的人，会陷入误区之中，导致前路更加坎坷。实际上，在与他人交谈的过程中，面对他人很主观时，如果我们能够进行理性分析，以中肯的语言来帮助他人拨开迷雾，看到事实真相，那么我们就能以客观公正地征服他人，这不正是我们每个人都想得到的结果吗？

1931年5月的某一天，纽约市民正在亲历一次真枪实弹的围捕行动。150名警察经过一个多星期的漫长而艰难的搜捕，才把罪犯克罗雷围困住。此时此刻，克罗雷正在女朋友的公寓里，警察们不得不在周围的建筑物上架设机枪，想要把克罗雷逼出来。克罗雷负隅顽抗，无奈的警察只有凿穿屋顶，用催泪瓦斯逼迫克罗雷现身。就这样僵持了一个多小时，战斗彻底打响了。克罗雷躲在堆满杂物的椅子后面，拿着手枪持续对警察展开射击。亲眼目睹这场枪战，无数市民都感到惊恐万状。要知道，如此激烈的警匪对决在纽约市的历史上是从未有过的。

警察们最终制服了克罗雷，警察局局长说克罗雷是有史以来最心狠手辣的罪犯，杀人根本毫不迟疑，还说他一定会被判处死刑。那么，警察局局长眼中的杀人狂魔克罗雷又是如何评价自己的呢？他丝毫没有悔改之心，而是写信给所有人，告诉大家“我的身体包裹着一颗疲惫不堪的心，它很仁慈，绝不想伤害任何人”。看到克罗雷的话，很多人一定觉得他并没有警察局局长描述得那么可怕，实际上在被抓捕之前不久，克罗雷因为有位警察要看他的驾照，就拔出枪来射杀了警察，而且还对着警察的尸体接连又开了好几枪。对此，他美其名曰在进行自卫。

从警察局局长对于克罗雷的描述，以及从克罗雷的自我描述上，我们不难发现其实人对于自己的评价和他人客观的评价总是相去甚远。因此每个人都要理智认清楚自己，而不要对自己产生误解。有的人会妄自菲薄，有的人会自以为是，总而言之都有些偏颇，很少有人能够真正做到客观公正地评价自己。

在说服他人的过程中，我们要想获得成功，首先要帮助和引导他人客观地认识事物。当然，这么做的前提是我们要了解他人，知道他人的心里在想些什么，也知道他人想要达到怎样的目的。唯有如此，我们才能更好地洞察他人，也有的放矢地引导他人。但是，需要注意的是，我们不要对他人的决定或者意见观点表现出不以为然的样子，他人之所以想的和我们不一样，就是因为他人不是我们，我们也不是他人。其次，我们还要学会设身处地地为他人着想，尽量站在他人的立场上去思考问题。我们唯有先认同他人，才能找到他人身上存在的弱点，从而才能进一步指出他人的不足，反驳他人，最终成功说服他人接受我们的劝谏。

没有人愿意接受你的颐指气使

生活中，每个人说话都有自己与众不同的风格，大多数情况下，语言谦和的人更容易受到他人的欢迎，而那些说起话来总是颐指气使的人，人缘往往很差，而且他们的意见或者建议，也很难让人接受。这是因为人们的骨子里都是崇尚自由的，更不愿意被他人指挥。从这个角度而言，如果你想让其他人接受你的观点，或者按照你说的去做，那么千万不要命令或者指挥他人，而是要采取恰到好处的方式表达你的观点，从而尽量减少他人的排斥和抵触。

从心理学的角度来说，相比起生硬的“命令”，人们更愿意接受和善的“建议”。细心的父母会发现，就算是小小年纪的孩子也会萌生出强烈的自我意识，不愿意被父母指挥和控制，可想而知，特立独行的成人对于他人的颐指气使，会做出怎样的反应。毋庸置疑，命令往往带着强迫的意味，当命令被人以生硬的语气说出来时，则显得更加不可更改，这会伤害他人的自尊心，使他人对我们的一切都只想予以抗拒。最终，命令很有可能非但不会被接受，反而会被唾弃。假如能够换一种不伤害他人自尊也能给予他人更大回旋余地的方式——建议，则他人会更加愿意接受我们的友好和善，而且对于我们也更容易敞开心扉。因而在人际交往中我们必须记住，任何不可抗拒且蛮横无理的命令，都必然导致怨恨堆积。

作为一家小公司的老板，欧文对于自己的公司显然很有些自负，因而从公司开业第一天起，他对于公司里的每一位下属，都是颐指气使，丝毫不愿意以共同协商的态度解决问题。在欧文的强势之下，很多人都选择了离职，公司里的人员如同走马灯一般换个不停。虽然公司开业已经两年多了，但是却毫无发展，这都是因为公司里人员不稳定的缘故。

商海如同逆水行舟，不进则退，每一个在商海中打拼的人，如果不能及时取得进步，到达新的高度，日久天长必然因为巨大的压力，导致退步。渐渐地，欧文意识到公司必须谋求发展，因而特意找到咨询公司为他出谋划策。在了解欧文公司的现状之后，咨询公司的人给出了一语中的的提议——留人，为公司发展积蓄力量。然而，欧文的管理方式如果不改变，是很难留得住老员工的。为此欧文痛定思痛，决定按照咨询公司说的，既然是小公司，就要打好感情牌，要有老将追随，才能突破发展的瓶颈。

所谓江山易改，秉性难移，要想让欧文一下子就改天换地，当然是不可能的，当然欧文还是要从点点滴滴做起，时刻提醒自己要以建议的方式和下属交流，而不要对下属颐指气使。诸如这次公司要拿下一个大项目，欧文正准备和以往一样威胁大家："都给我好好干啊，不然晚上十点也下不了班。"突然，他想起咨询公司的建议，决定改变方式："辛苦大家了，公司的发展离不开大家的努力。我建议大家加快进度，如果结束得早，我请大家吃宵夜。"有几个工作时间稍长的员工听到欧文的话，不免惊讶万分，甚至以为欧文换了个人呢！不过，大家全都精神抖擞，拼尽全力，一则是为了吃宵夜，二则也是为了提高工作效率，尽快完成工作，下班回家。

哪怕是公司里的首脑人物，也不要觉得自己职位高，就对下属颐指气使。毕竟现代职场竞争激烈，不管是上司还是下属，甚至包括老板，从人格角度而言大家都是平等的。所以一定要尊重和认可他人，才能得到他人的平等对待。

与他人说话的时候，我们一定要控制好自己的情绪，不要总是对他人居高临下、颐指气使。假如我们能够与他人更好地交流，采取平等的姿态对待他人，那么他人一定会乐于接受我们的建议，也会认真斟酌我们的话，最终理智思考，得到好的结果。

先自我批评，再批评对方

没有人愿意被他人批评，大多数人都喜欢听到他人对自己的赞美，而不愿意被否定。但是，人非圣贤，孰能无过，人从呱呱坠地开始，实际上就已经开始了不断犯错的过程，但也正是在不断犯错和改正错误的过程中成长起来的。那么，当我们面对犯错的孩子、家人或者朋友、同事时，难道就因为对方不想接受批评，所以始终保持沉默，任由对方在错误的道路上越走越远吗？

当然不是，人之所以在错误上成长，并非因为错误本身能够使人成长，而是因为人们犯错之后得到批评和指正，所以才能及时改正错误，让自己在人生的道路上更进一步。从这个角度而言，人就是在不断改正错误的过程中进步和成长的。那么，有没有什么方法能够使他人乐于接受我们的批评，而且对我们的批评心服口服呢？除了采取恰到好处的方式批评他人之外，我们也可以摆正态度。

细心的人会发现，当我们义正严词地批评他人时，他人一定会对我们心生不满，甚至对我们心怀怨恨，导致我们的批评效果也不好。假如我们能够采取迂回曲折的方式，在批评他人之前先进行自我批评，那么哪怕我们非常严厉地批评他人，他人也无法否定我们，更不能因为我们的批评，就对我们有意见。毕竟我们是先批评了自己，以身作则，勇敢地承担责任和反思之后，才客观公正地指出他人的错误。这样一来，他人自然无法和我们闹意见，更不可能对于我们的批评过于抵触。要知道，批评的目的并非是发泄情绪，也不是让被批评者丢掉面子，而是希望被批评者能够积极反思自己，取长补短、扬长避短，对我们的批评有则改之，无则加勉。只有被批评者取得进步，我们的批评才算起到效果。

作为一个十岁孩子的妈妈，张梅一直对儿子的教育问题感到头疼。儿子小时候还好，对于妈妈的教诲能够记在心里，而且能积极改正。但是随着儿子越长越大，也有了自己的小心思，自主和独立意识越来越强，所以对于妈妈的批评总是不以为然，有的时候还很不服气呢！

有一天，张梅因为头一天加班工作太累了，第二天居然起晚了，没有及时叫醒儿子起床。再加上起床之后，儿子一直磨磨蹭蹭，导致最终上学迟到。儿子被老师狠狠批评了一顿，还和其他一个迟到的同学，被罚站了。晚上回到家里，张梅没有像以往一样直接批评儿子动作太慢，而是先进行自我批评，主动向儿子承认错误：“儿子，今天大部分责任都在妈妈身上，是因为妈妈起晚了，所以没有及时喊醒你。”儿子听到妈妈居然在向自己道歉，觉得非常诧异。在得到儿子原谅后，张梅又说：“不过，我觉得如果你的动作能够更加快速一些，那么我们很有可能不迟到。你看到过部队里的人都是如何做事情的吗？很多新兵入营，都会被半夜集训，他们被要求在几分钟的时间内穿好衣服，打好背包。这听起来很难实现，但是只要努力去做，还是有可能做到的。当然，你还小，也不是新兵，妈妈不会这么要求你，妈妈只是希望你能稍微快一些。毕竟早晨的时间很紧张，如果你想多睡一会儿，那么起床之后你就要加快速度，节省时间，你觉得呢？”以往每次被妈妈批评，儿子都会非常抗拒，但是这一次，儿子显得非常体贴，居然主动向妈妈承认错误：“妈妈，的确是因为我动作太磨蹭了。你放心吧，我以后会努力更快一些的。”看着突然间变得懂事的儿子，张梅觉得欣慰极了。

其实，儿子并非突然变得懂事了，而只是因为张梅的自我批评，给儿子做出了好榜样，使得儿子也能够主动反思自己，从而更加深刻地意识到自己的缺点和不足，也能够心甘情愿地积极改变。任何情况下，我们都要设身处地地为他人着想，千万不要不分青红皂白就呵斥他人，否则他人会因为受到误解心灵受伤，或者会因为记恨我们反而更加变本加厉。

自我批评，首先表现了我们对于某件事情的态度，当我们展示了自己的态度，他人才会对我们的批评显得更加宽容和理解，也不会再因为我们对他们的批评产生逆反心理，甚至导致事与愿违的结果。因而真正明智的人，在批评他人之前，都会进行适当的自我批评，以此增强批评他人的效果，使得他人乐于接受我们的批评，更能够积极主动地改变自己。

第7章

完善说话风格和个性，让你受欢迎的说话策略

同样一句话，由不同的人说出来，效果也往往是不同的。这是因为每个人的脾气秉性不同，所以他们说话的风格也完全不同。要想成为处处受人欢迎的人，我们就应该提升和完善自身说话的技能，从而让我们的语言表达得更加准确到位，也才能让我们的人际交往更加顺遂如意。

抑扬顿挫的语调，让你如同歌者

所谓语调，就是人说话的语气和声调。通常情况下，语言本身虽然能够起到表情达意的作用，但是语调也起到很重要的辅助作用。语调中往往饱含感情，有的时候我们无法通过语言传达的微妙感情，却可以通过语调的变化传达出来。因而在说话时，每个人的语调往往能够比语言表达出更多的信息和感情，换言之，语调实际上是说话的重要内容。当我们的语调恰到好处地表达我们的内心时，也足以展示我们的真诚，那么我们的语言表达就会事半功倍，起到更好的效果。

现实生活中，很多人都更关注语言的内容，他们虽然费心准备了恰到好处的话题，但是却没有起到预期的效果。这是因为虽然他们具备了硬件，也就是合适的话题，但是却没有使用恰到好处的语调与他人交流，也导致现场的交谈气氛总是不够火热。语调是能够感染他人的，例如我们兴高采烈地和一个人说话时，即使他并没有亲眼看到我们的表情，也能够判断出我们实际上非常高兴。此外，如果我们说话时语调沉重，那么就算对方亲眼看到我们和颜悦色、满带微笑，他也知道我们心中是郁郁寡欢的。一个真正擅长语言表达的人，他们不但懂得塑造自己的声音，使自己的声音更富有磁性，而且也会灵活调整语调，从而使自己的语言表达能够扣人心弦，使人激情澎湃，或者感动不已。曾经，一位意大利演员使用非常悲伤沉痛的语调读阿拉伯数字，居然能够使听众感动落泪，不得不说，语调能够赋予原本意义不那么丰富的阿拉伯数字以感情色彩，这就是语调的强大作用和魅力。很多歌词中，副歌部分都会有简单的语气词，例如“啊”“啦”等作为谐音，因为语调的婉转变化，这些原本毫无意义的语气词语，再配上恰如其分的音乐，会瞬间给一首歌增色不少。

细心的朋友们会发现，在现实生活中，即使同一个人以不同的语调说同一句话，也能使得语义千变万化。例如，反问句、疑问句和陈述句，都是通过语调来实现更好的表达的。所以朋友们，再也不要觉得语调无关紧要。当我们花费很多的时间和心思来确定说话的内容，但是却因为忽视语调而使得表达变得很僵硬，且缺乏意义时，我们不如调整思路，用更多的心思注重语调的使用。很多彼此默契的男女朋友之间，接打电话时往往只需要通过接电话的第一个毫无意义的音节——“喂”的表达，就能知道对方对我们的心意是否一如从前。有的时候，我们接到妈妈的电话，从妈妈的“喂”中，也可以听出来妈妈是否睡得很好，休息充分。实际上，“喂”从未改变，而是每个人在说出这个简单的字时，都会采取不同的语调。

就像钢琴曲一样，实际上只是由很多音节组成，原本是枯燥无味的，但是却因为声调的变化，很多钢琴曲才会变化万千，或者气象恢宏，或者如同邻家女孩的窃窃私语，把人的感情传达得惟妙惟肖。语调的精髓在于变化，唯有变化丰富的语调，才更有意义。

不管是在生活中还是工作中，每个朋友肯定都希望自己说话时能够牢牢吸引他人，抓住他人的心。要想达到这一目的，当然恰到好处的话题是必不可少的，语调的作用也同样不可小觑。很多演讲家之所以说起话来慷慨激昂，就是为了吸引听众。当然需要注意的是，很多时候语调并非是随心所欲的，而是从会说到说话节奏的把握。而决定说话节奏的，又是语言的繁简，以及语速的快慢。我们必须把握好说话的节奏，这样才能以最合适的节奏被听者理解，也会使我们的表达更中肯，更富有吸引力。通常情况下，语速过快会给人形成紧张感和压迫感，唯有舒缓有度，语言表达才能收到更好的效果。此外，为了避免拖沓冗长，使他人对我们的话失去兴趣，我们还要适当组织语言，让语言繁简适度，也让语言能够恰到好处地表达出更加丰富的信息。为了实现这一目的，我们在组织语言的时候应该尽量使用简洁的语言，而且表达方式要更加直接，不要过度迂回曲折。此外，每个人的表达都是有目的的，我们也要目标明确，从而避免颠三倒四找不到重点。

说话要干脆利落，重点突出

现实生活中，有些人说话的时候干脆利落，条理清晰，重点突出，使人一听就知道他想要说些什么，也知道他表达的目的，因而沟通更加卓有成效。和这样的人恰恰相反，有些人说起话来却含糊不清，该快的时候偏偏吞吞吐吐，该慢的时候又急不可耐，最终导致说话颠三倒四，不但没有逻辑和条理性可言，而且也把握不住重点，导致他人虽然听完他说话，却始终不知所云。

人与人之间进行交流和沟通，主要在于语言表达。要想做到条分缕析、重点突出，我们说话之前就要用心组织语言，也要确定自己表达的主要目的所在。例如，当我们在向客户推销产品的时候，就可以说："接下来，我将会为大家介绍我们公司的明星产品。"这句话如何才能说得恰到好处呢？没错，即便是一句话，也是要有重点的。很多朋友陷入写作文的误区，总觉得只有写作文，才要讲究所谓的开头、中间和结尾，而且要做到思维清晰、重点突出。其实不然。我们生活中与人交谈，很像是对他人说出的一篇小作文，所以也要有重点，干脆利落，这样才能给他人留下好印象，也让他人能够更好地理解我们的意思。那么在说这句话的时候，我们可以以平静舒缓的语调说出包括"公司的”在内的前半句话。但是对于后半句话，假如还是平铺直叙，就会失去高潮和重点，导致整句话都平平常常，毫无激动人心的地方。其实，我们可以在说完“公司的”三个字之后略作停顿，然后再以非常热情洋溢的语调喊出“明星产品”。这样一来，所有的听众必然对“明星产品”四个字印象深刻，而且他们的情绪也会被你调动起来，甚至他们还会与你进行积极的互动。

需要注意的是，为了重点突出，我们当然是有理由把一些词句说得非常平静舒缓的，但是大多数情况下，我们还是要根据表达的内容进行及时的调整。任何语调都不是放之四海而皆准的，更未必能够符合所有的表达内容和表达场合。所以千万不要把某句话中重点的语调用到整个表达过程中，否则再精彩的安排也会使人难以忍受，更无法取得预期的效果。尤其是在社交场合，语言表达一定要准确精练，而且尽量传达出更多的信息。这样我们的语言表达节奏才会简洁明快，也能够得到听众的认可和理解。很多人讲述任何问题都是长篇大论，难免被人形容是“老太婆的裹脚布——又臭又长”，的确如此，现代社会生活和工作节奏都很快，每个人都惜时如金，我们当然不能浪费别人的时间和生命，更要尊重自己的时间和生命。在葛底斯堡讲话中，林肯简明扼要地说了226个字，只花费了两分钟时间，但是他的对手爱德华·伊韦瑞特却发表了长篇大论，在整整两个小时的时间里始终滔滔不绝。结果可想而知，林肯大获成功。丘吉尔在对剑桥大学的学生发表演讲时，更是只说了四个字——永不放弃，就是这四个字的演讲大获成功，也使得丘吉尔创造了世界上最短的演讲纪录，迄今为止无人能够打破。

说话简洁，重点突出，除了要在发言时就组织好语言之外，还要注意很多事项。首先，不管说什么重要的内容，都不要喋喋不休地重复。很多话，人们只说一遍效果很好，但是如果颠三倒四地一直在重申，那么就会让人心生厌烦，也会使人对说话者产生不好的印象。很多人会无意识地重复自认为重要的内容，不要刻意改变自己，才能赢得他人的尊重。其次，要尽量使用精练的语言表达你的意思，因为语言越是拖沓冗长，别人反而会无法理解清楚你的意思。最后，很多人说话的时候喜欢使用夸张或者复杂的修饰语言，当然取决于每个人不同的说话风格，原本无可厚非，但是需要注意的是，就像一个女人，如果浑身戴满装饰品，就会让人对她的装饰视而不见一样，说话的修饰语言同样不宜过多，否则就会舍本逐末，反而让人无法第一时间找到重点，关注重点。

总而言之，语言是人与人之间交流和沟通的主要方式和媒介，我们唯有把话说得恰到好处，才能与他人之间产生良好的交流效果。否则我们一味地沉迷于拖沓的语言中，必然会使交流的效果大打折扣，严重的还会使对方对我们感到厌烦，可谓事与愿违。

妙用非语言表达方式，让表达更生动

人与人之间的交流，主要依靠语言进行。语言是人际沟通的桥梁，更是人与人之间沟通的媒介。其实，语言表达的信息是有限的，更多的情况下，非语言信息，也对人际交流起到更重要的辅助作用。当一个人只是用语言刻板地进行交流，那么这样的交流必然非常生硬，也无法起到交流的作用。而一个人在说话的时候，如果面部表情丰富，还能恰到好处地使用肢体语言，则他的表达一定会更加精妙传神，也能够把很多语言无法传递的信息、情绪和感受都表达出来。这种信息，当然更加丰富且有意义，而且也更具有感染力。细心的朋友会发现，那些擅长演讲的人往往都有丰富的非语言表达，诸如面部表情、身体语言，再如各种神态和姿势等。

其实，语言虽然作为人际交往的沟通桥梁，它可以根据不同的组织形式也的确可以做到千变万化，但是语言表达传递的信息还是有一定局限性的。比如说，如果用语言来表现人的心理，语言就会显得苍白乏力。众所周知，人的心理活动是很活跃且丰富的，对于人的心理活动和微妙情感，语言的表达作用很有限。在这种情况下，各种非语言就要作为重要的辅助作用，表现出语言所无法表达的信息，从而成为语言表达的有力补充。

很多时候，我们即使一句话也不说，但是别人从我们的表现中，就能推断出我们的心理状态，或者是身体状态。例如，当我们面色憔悴，眉头紧皱时，也许别人就会觉得我们是遇到了什么不开心的事情，所以很沮丧失落，甚至身体上也不舒服。再如，假如我们眉飞色舞、手舞足蹈，那么即使别人不问，也知道我们一定是心情大好。总而言之，我们微妙的面部表情、神态、姿势以及各种手势等，都能很好地表现出我们的内心，让他人洞察我们的内心。当然，在使用非语言表达自己时，我们也许不能在短时间内就做到得心应手，在这种情况下，我们应该多多了解非语言表达方式，从而才能对它们做到熟悉和灵活运用。

关于面部表情，很多人都认为眼睛是心灵的窗口，也觉得通过观察一个人的眼睛，能够窥探到他的内心。实际上，现代社会人际关系复杂，很多时候我们并不能把所有心事都写在脸上，而要适当控制自己的表情。尤其是在职场上，我们每天都要面对不同的人和事，更不能喜怒形于色。但是只要细心观察，还是能够发现情绪改变的蛛丝马迹的。

此外，身体姿势也是非常明显的内心表达。尤其是在谈判中出现变化时，不同的身体姿势，往往表现了不同的心理状态。在谈判白热化阶段，如果对方突然与你拉开距离，或者坐在靠近门口的位置，就说明对方想要结束谈判，不想再继续纠缠下去。与此相反，如果对方突然坐到靠近你的地方，那么则意味着对方想要尽快促成交易。

当然，在所有的非语言表达方式中，如果说表情是最微妙的，那么手势则是最变化万千的。日常生活中，我们就经常使用手势表达各种意思，因而在所有的体态语言中，手势是最自由、最灵活的。在与人交流的过程中，我们也应该学会灵活使用手势，从而恰到好处地表达自己。而且在语言不通的情况下，手势还在世界范围内具有共通性，诸如很多人在与他人语言不通的情况下，就会用手势比画着与他人交流，而且效果还很好呢！

总而言之，语言表达不应该仅仅限于语言的使用，当语言无法成功表达我们的内心，而且语言表达也无法做到微妙到位时，我们不如多多使用非语言表达的方式作为辅助表达，这样一来，我们与他人的交流一定会和谐顺畅，也能够更加准确表达我们自己的内心和感情，从而与他人更好地相处相知。

以事例说服他人，让他人心服口服

现实生活中，很多人都以“我手写我心”为最高的文字表达境界，为此很多热爱文字的人孜孜以求。殊不知，说话也有一个类似的境界，那就是“我口说我心”。看到这里，很多朋友都会觉得不以为然，因为他们都觉得自己能够准确到位地表达自己的内心。但事实上，说话并非这么简单的事情，尤其是在复杂的生活中，我们常常会在语言面前感到苍白无力，因为不管我们多么努力，我们都无法水到渠成地完成自己的倾诉和表达，而且对于有些想法，我们也根本不知道该怎么说。在这种情况下该怎么办呢？难道就此闭上嘴巴，不再试图表现自己，还是采取直截了当、粗俗卑劣的方式，直接把自己的所思所想生硬地说出来呢？这都不是好办法，因为这些表达方式很难如我们所愿取得良好的效果。

其实，当遇到事情却不知道怎么表达的时候，我们可以避直就曲，采取委婉隐晦的方式来表达自己的内心。总而言之，不管使用什么方法，只要能达到我们要表达的目的，对他人起到预期的作用，就是好的表达方法。很多人都听过敲山震虎这个词语，实际上就是意在言外的表达方式。我们可以采取举例子或者摆事实的方法，从而增强说服力，也能成功打动他人的心。这样一来，我们就可以避免被他人拒绝，也可以得到他人的认可，从而成功影响甚至是改变他人的想法。

战国时期，齐国的淳于髡口才很好，能说会道，能言善辩。作为君主身边的人，他非但不害怕向君主进谏，反而还会使用一些隐晦的方式成功规劝君主，所以君主非但没有因为他的进谏生气，反而很喜欢他，也愿意接受他的规劝。当时，齐国的齐威王才华横溢，而且充满智慧。但是齐威王即位之后却辜负了众人的期望，整日沉迷于酒色，从来都对国家大事不管不问。为此，齐国政治动荡，国力衰弱，人民生活变得非常糟糕。而且也因为齐威王疏于管理，导致贪官污吏横行。此时，其他的国家都趁此机会来进犯齐国，齐国眼看着就要亡国。

尽管齐国的很多忠臣对此都忧心忡忡，但是他们畏惧齐威王，害怕齐威王迁怒于自己，因而全都明哲保身，没有任何人敢来劝谏齐威王。有一天，淳于髡见到齐威王后，说："大王，您喜欢猜谜语吗？臣有一个谜语，始终想不出谜底。某个国家的宫廷里飞来一只大鸟，这只大鸟整整三年时间都住在宫廷里，但是它寂寞无声，每天都蜷缩着，从未展翅翱翔。大王，您认为这只鸟为何如此消沉低迷呢？"齐威王非常聪明，知道淳于髡是在借用大鸟来讽刺自己一事无成，贪图享乐。为此，他深思片刻，决定从此之后要振作起来，整顿齐国，因而他对淳于髡说："这只大鸟不鸣则已，一鸣惊人，你等着看吧！"果然，后来齐威王励精图治，把齐国治理得越来越强盛。

在劝谏齐威王时，淳于髡使用的就是隐语，也就是用举例子或者打比方，甚至是讲故事的方式，把自己的想法和看法委婉地传达给齐威王。通常情况下，君主都会因为大臣的进谏感到丢面子，但是淳于髡非常聪明，他的这种方式很好地保全了齐威王的颜面，而且让齐威王主动思考之后做出改变，可谓一举两得。

自古以来，很多直言进谏的谏臣，都因为没有顾及君主的颜面，导致君主龙颜大怒，甚至迁怒于他们，取了他们的性命。假如这些谏臣们能够多多学习淳于髡，以这种委婉的方式暗示君主，把主动权交给君主，而不会伤害君主的颜面，那么君主一定会更乐于接受大臣的进谏，大臣也就性命无忧了。

当然，在以事例或者故事作为媒介来传达我们的思想时，需要注意的是，首先要选择有代表性的故事，这样的故事更加生动具体，而且隐喻明显，更有利于他人理解和领悟。其次，那些经典的故事都有特定的含义，我们选择故事时一定要根据现实的情况进行斟酌和取舍，千万不要牵强附会，否则就会导致事与愿违。最后，既然是隐语，是为了暗示他人我们的意思，也是为了给予他人主动权理解和领悟我们的意思，所以我们讲故事时不要过于直白，而是要注意保持隐晦性，把其中的深刻思想和含义，留给听话者自己去参悟。这样的表达方式，才能真正起到隐晦的效果，也才能更好地保护他人的颜面和自尊。

以同样的错误，对他人敲山震虎

人非圣贤，孰能无过，很多时候我们都会因为他人犯了错误，而怒不可遏，甚至怒不择言采取各种决绝的方式批评他人。然而，直截了当的批评固然很好，能够直接为他人指出错误，也能够让他人第一时间改正和提升自我，获得进步，但是这种方式也会存在很多的弊端，诸如会伤害他人的颜面，也会因为愤怒一下子把心中积存的话都说出来了，所以导致没有回旋的余地。这样一来，一旦我们不小心伤害了与他人的关系，想要挽回就很难了。实际上，每个人都会犯错误，当我们因为他人有心或者无意犯下的过错而歇斯底里时，也应该想到我们同样也会犯错，从而更加宽容地对待他人。

当然，很多时候有些错误是不得不说的，因为关系到他人的成长，或者关系到我们与他人的合作。的确，很多人在批评他人的错误时，会说：“我是真心为了你好，否则我要是你的仇人，才不会为你指出错误，帮助你进步呢！”确实，人都是在改正错误的过程中才能不断进步的，因而被指出错误，我们的确要感谢那个人。然而，人也是很爱面子的动物，有的时候心里明知道要感谢他人，却因为被他人伤了面子，导致对他人怨声载道。而作为为他人指出错误的人，明明是好心好意为他人着想，帮助他人进步，最终却落得受埋怨，实在是得不偿失，也是事与愿违。那么，有没有一种方式，让我们既能够指出他人的错误，帮助他人成长，又能够避免被他人抱怨和责怪呢？当然有。

当我们在犯错误的人面前说起同样的错误，犯错误的人一定能够意识到自己在同样的方面做得不够好，从而主动反思自己，努力改正自己的错误。这样一来，哪怕我们不是直截了当指出他人的错误，却也能够敲山震虎，起到相同的效果。与此同时，我们还能避免伤害他人的面子，他人呢，也可以于不知不觉中提升自己，完善自己，避免了被人当面指责的尴尬和难堪。当然，我们敲山震虎并不局限于完全相同的错误，也可以以同类的错误对他人进行点拨。要知道，因为错误的类别相似，就算对方再怎么愚钝，也是能够感到心中一惊，更能够理解我们的苦心，从而主动反思自身，积极改正错误。

作为邻居，小米和叶子是同班同学，也是好朋友。每天，他们一起上学，一起放学，就像一对亲姐妹一样。然而，小米学习成绩非常好，叶子虽然也很用功，学习成绩却总是上不去，始终位于中游水平。眼看着又要期中考试了，想到自己一旦考不好，爸爸妈妈又会用小米作为自己的榜样和标杆，叶子不由得着急起来。

很快，考试的那一天就到来了，趁着老师不注意，叶子居然照抄起同桌小米的试卷。试卷发下来之后，叶子居然和小米是相同的分数，她们俩都是98分。对于小米的成绩，没有人觉得惊讶，但是对于叶子的成绩，不管是老师、同学，还是叶子的爸爸妈妈，都觉得出乎意料。在发试卷的时候，老师显而易见已经知道了叶子和小米的秘密，但是念及叶子是初犯，老师并不想让她难堪，因而老师一边发试卷，一边对全班同学说："同学们，这次考试大多数同学表现都很好，但是我通过个别同学的试卷上发现了抄袭的痕迹。其实，这是一个非常不好的习惯，首先违背做人要诚实的原则，其次等到真正的升学考试时，考场纪律特别严格，如果有抄袭行为，那么原本不太如意的分数就会变成零分，岂不是更悲惨吗？"说完，老师还给同学们讲了一个高中生在高考的时候，因为作弊被判定零分的故事，这使得原本能够考上二本的高中生，不得不背着一个不太好的名声，再次重复痛苦的高三生活。对于老师的话，那些心中没有"鬼"的同学们全都不以为然，但是叶子却暗暗感到后怕，觉得自己实在太冒险了。后来，叶子努力学习，而且积极主动和老师沟通，再也没有犯过这样的错误。

老师是非常明智的，也很注意保护同学们脆弱的自尊心，所以老师才会用这样敲山震虎的方法，委婉指出考试作弊的错误行为不可取，从而让叶子意识到自己不能再犯同样的错误，否则后果一定很严重。不过，敲山震虎的方法也需要慎用，只有恰到好处，才能起到良好的效果。

在使用同类错误批评他人时，我们首先要确定自己所选择的案例和被批评者所犯的错误有共同之处，这样被批评者才会联想到自己身上，从而主动反思自身，改正错误。否则如果两个错误相差甚远，那么被批评者就不会想到自己，批评也就失去了效果。其次，在使用同类错误批评他人时，一定要以尊重他人为基础，避免使用带有侮辱性或者攻击性的语言。否则被批评者一旦感受到自己被羞辱，就会产生强烈的抵触心理，导致无法起到预期的效果。总而言之，批评要讲究方式方法，批评不是我们自身负面情绪的发泄，而是要以给对方带来帮助为目的。我们如果总是无休止地批评他人，就会给他人造成巨大的心理压力，甚至还会激起他人的逆反心理，导致事与愿违。但是若使用同类错误批评他人，则能够很好地顾及对方的颜面，使对方乐于接受我们的暗示，积极主动地改正自己的错误。

第 8 章

洞察心理需求，有的放矢的说话策略

现实生活中，有的时候我们付出很多，却得不到回报，对朋友非常真诚，却被朋友背叛，孝顺父母，却从来不被父母认可，其实，这一切的原因并非是因为做得不够好，而是因为我们根本不知道对方的需求所在。要想针对对方的需求有的放矢，我们就要更加了解对方。同样的道理，要想把话说到对方心里去，要想让语言成功打动他人的心，我们也要学会洞察他人的心理，了解他人的心理需求，从而做到有的放矢地说话，恰到好处地攻克人心，满足他人的心理需求。

每个人都是这个世界上独一无二的存在

在充满各种生物的地球上，人类无疑是万物的灵长，是一切的主宰。人类也一直自诩为具有高等智慧的高等生灵，并且竭力创造更美好的世界。然而，我们如果扪心自问，不由得觉得非常困惑，因为人既是这个世界上最聪慧的生物，也是这个世界上最难以理解和令人费解的生物。很多时候人虽然可以征服一切，但是却无法成功征服同类。

在忒拜城外，斯芬克斯狮身人面兽每天都守在悬崖边，强迫每一个路人猜谜语。它每次都吃掉猜不出谜语的人，因而每一个被它要求猜谜语的人，全都葬身它的肚子。其中，也包括科瑞翁的儿子。斯芬克斯的谜语到底是什么呢？为何那么多聪明的人也全都输在它的谜语之下，失去宝贵的生命？谜题如下：“早上四条腿，中午两条腿，黄昏三条腿。”正是这个谜语让很多人都失去生命，其实这个谜语说的就是人，分别指的是人的幼年、成年和老年。的确，人在刚刚出生处于婴儿时期时，只能手脚并用地在地上爬来爬去，所以是四条腿。在壮年时期，人是两条腿。到了暮年，人的体力渐渐衰弱，因为不得不拄着拐杖帮助自己行走，就变成了三条腿。

毋庸置疑，人的确是斯芬克斯的千古之谜。人虽然是万物的主宰和灵长，但是人实际上是最复杂的生物，人的思想、行为、需求、欲望等，都作为人的独特特征，也困扰着每一个人。因为在社会交往中，我们必须更加了解复杂的人性和其他人的心理需求，才知道如何游刃有余地与他人交往，也才能做到如鱼得水，随心所欲，左右逢源。

作为刚刚毕业的大学生，紫薇很幸运地进入一家心仪已久的广告公司，成为广告策划人。因为广告公司的策划部大多数都是美术和设计专业的美女，因而紫薇第一天上班就充分见识了这些创意美女的个性。她们每个人都穿得非常独特和另类，每个人都仿佛绝世而独立的美人一般清高孤傲。紫薇尽管小心翼翼，但是依然因为自己是只“丑小鸭”感到自惭形秽。正在紫薇感到孤立无援时，一位打扮时尚的高挑美女突然很夸张热情地和紫薇打招呼，紫薇受宠若惊，赶紧回应，这才发现有很多同事都向着这位美女表现出不屑一顾的样子，紫薇意识到这个美女在同事之间应该人缘不好，为了避免被牵连，紫薇决定以后也有意识地疏远她，从而明哲保身。

上班第一天，虽然紫薇在工作上还没有太大的进步，但是她察言观色，了解了好几个同事的脾气秉性。后来，紫薇在工作上兢兢业业，勤勤恳恳，获得了领导和同事的一致好评，所以一年多之后，紫薇就成功晋升，而且还得到了大多数同事的真诚祝贺。

毫无疑问，现代职场只有能力和水平是不够的，还要与同事和领导等人搞好关系，才能在职场上平步青云。现代职场中，个人的英雄主义也许会一时之间出类拔萃，吸引大多数人的目光，但是从长远来看，一旦招人嫉恨，也往往就意味着他们的职业生涯宣告结束。在这种情况下，要想成为职场达人，作为职场新人，就必须迅速识别每一位同事的性格特征和心理特点，从而才能有的放矢，更好地与同事和领导相处。

需要注意的是，职场上人际情况复杂，很多人都是非常有城府且工于心计的。正所谓明枪易躲，暗箭难防，所以对于这些人，我们一定要小心提防，既不要与对方走得太近，也不要得罪对方，从而免遭对方的暗算。毋庸置疑，我们与同事之间的关系不可能绝对均衡，因为不同性格的容忍度不同，也因为同事性格迥异，所以同事之间有亲疏远近也是正常现象。因而，我们与同事相处，一定要具备敏锐的观察力和洞察力，才能从他人的心理需求出发，做到有的放矢。

通常情况下，我们可以通过以下几点来大概判断一个人的脾气秉性。首先，人与人交往时要彼此交谈，因而我们只要在交谈中多多用心，认真倾听，就能在几分钟的时间之内了解他人的性格特征。诸如说话语速较快、侃侃而谈的人大多数性格外向；说话谨慎、吞吞吐吐的人往往性格软弱，胆小怯懦；说话坚定、语速缓慢的人，很有自己的主见，且意志坚定，不容易被改变；说话总是喜欢命令和指挥他人的人，也许是个控制欲很强的人，或者是个高高在上的领导，所以总是喜欢居高临下……其次，每个性格不同的人会有很多微妙的表现，他们不但言语上有很大差异，而且衣着打扮也不同，也会表现出不同的特征。表现欲强、希望吸引他人注意力的人，往往喜欢色彩饱和度高且很鲜艳的衣服。性格温和、低调内敛的人，则喜欢穿着暗淡色调的衣服，但是这并不意味着他们胆怯，相反他们之中很多人意志坚定，主见很强，如最近热播的《我的前半生》中，袁泉扮演的唐晶的衣品，就得到很多人的赞许，她走得是黑白灰的风格，是典型的职场白骨精。最后还有一个细节需要注意，即我们与很多陌生人初次见面，或者与已经认识的人见面时，都会以握手作为礼仪交往的方式。在握手的时候，从对方不同的握手表现，我们也可以感受到对方不同的性格特点。当然，无论使用何种方法，我们都无法完全体察他人的内心，也不可能成为他人肚子里的蛔虫。所以，我们唯有在人际交往中更加用心地观察和体察他人，才能事半功倍，洞察他人的心理，成功展开与他人的社交活动。

投其所好，供给所需，才能攻克人心

人活着，要吃饭穿衣，满足衣食住行的所需，这是为了满足人的生理需求。同样地，人不但有生理需求，也有心理需求，所以人活着除了需要满足生理需求外，也需要满足心理需求，才能更好地发展。大名鼎鼎的心理学家，也是第三代心理学的开创者马斯洛，曾经把人的需求分为五个层次，即生理需要、安全需要、社交需要、尊重需要和自我实现需要。这五个层次的需求是不断推进和上升的关系，所以要在低层次的需求得到满足之后，才能谈及更高层次的需求。

通常情况下，人们需要满足低层次需求之后，才会有更高层次的需求出现。因而在与人交往时，我们要想满足他人的心理需求，投他人的所好，就要更加敏锐地观察他人，洞察他人的心思，这样才能成功地攻克他人的心，使我们与他人的交往更加顺遂如意。

今天，赵凯奉上司的命令去拜访一位很难攻克的大客户，据说公司里几位销售经理已经轮番出马，和这位大客户过招，但是都败下阵来。最终，上司不得不搬出赵凯这位在公司销售领域如同神一样存在的销售经理，而且对赵凯说："你的其他几位同人已经功不成身退，希望你能给我带来振奋的消息，功成身退。我所有的希望都寄托在你的身上啦，你一定要不负所望啊！"上司的这番话，让赵凯觉得肩膀上的责任沉甸甸的，他甚至有些怀疑自己的能力，生怕自己也灰头土脸地回来。但是既然接受了这项艰巨的任务，他决定还是要勇敢表现，竭尽全力。

带着这样的心态，赵凯来到了马总的办公室。果然，马总的公司实力很强，马总的办公室也非常气派，简直和一座小宫殿似的。一进马总的办公室，赵凯就感受到无形的压力，心里就先怯懦了几分。但是他马上调整心态，安慰自己：既来之，则安之，我只要尽力而为，也就问心无愧了。在等待马总通电话的时候，赵凯不动声色地观察了马总的办公室，在陈列整齐的展柜里，赵凯看到了马总的博士毕业照。他突然想到马总是博士毕业，而且马总的博士并非是一帆风顺得来的，而是因为家贫辍学之后，靠着辍学之后坚持自学，才艰难地走到今天，取得现在的成就。赵凯感到心中灵光一闪，似乎找到了与马总亲近的尚方宝剑。

马总挂断电话，赵凯第一时间就惊讶地问马总："马总，看您的博士照多么神采飞扬啊！我也曾经听说您求学的艰辛路程，您真是我们的偶像，也是我们的榜样。现在，很多事业有成的人都是借助于家族的关系，或者是富二代继承家族产业，但是您却和他们完全不同……"赵凯的这番恭维话，显然和马总平日里听到的那些恭维话不同，因为赵凯说起了他最引以为傲的过往和经历。就这样，马总侃侃而谈，和赵凯居然像朋友一样聊了起来。在倾听马总讲述的过程中，赵凯聚精会神，不时地和马总进行眼神交流，而且还时不时地点头，作为对马总讲述的回应。整个交谈过程中，赵凯从未提起关于合作的事情，而马总呢，居然主动留赵凯一起吃午饭。次日，马总主动打电话给赵凯去签约。就这样，赵凯仅以真诚的个人崇拜，就成功地赢得了马总的认可。

对于马总而言，作为一家大公司的老总，普通的恭维和赞美对于戴着光环的他已经不足为奇，也不值得珍惜了。幸好赵凯足够细心，也知道好汉并非不提当年勇，而是很愿意提起当年勇，尤其是那些事业有成、功成名就的人，更愿意以当年勇忆苦思甜，回忆起自己艰难的过往。可以说，赵凯满足了马总的心理需要，所以才能一语中的，让马总对他刮目相看。

毫无疑问，要想供给对方所需，最重要的就在于知道对方需要什么。很多人与人相处时，常常会处心积虑地讨好他人，实际上，刻意的阿谀奉承是不足取的，唯有了解他人的心理需求，才能有针对性地满足对方的需要。也许有些朋友会觉得自己根本不了解对方的心理需求，实际上，只要多多用心，细心观察对方的表现，就能洞悉对方的心理。不可否认，每个人的心理需求都是不同的，诸如有些人喜欢得到他人的阿谀奉承，有些人则喜欢与他人君子之交淡如水。对于前者，拍马溜须的效果会很好，但是对于后者，只有淡淡相交，才能赢得他人的尊重和认可。所以在人际交往中，我们必须多多用心，细心观察，从而顺利了解他人的所需，满足他人的心理需要。

独乐乐不如众乐乐

从他人的兴趣入手，是与他人拉近关系、变得亲近的最好方式。在平日的生活里，几乎每个人都有自己的兴趣爱好，也有自己的特长和优势。很多人都以工作或者学习为重，但是他们依然需要在繁重的学习和工作之余，有属于自己的兴趣爱好。很多时候，兴趣爱好是人最为有效的一种放松活动，也是陪伴漫长人生的良师益友。记得在一部电视剧中，有个高官的爱好就是在工作之余做木工活儿。有的时候他觉得压力太大，就会进入自己的“工作间”，做一些精致的木制工具或者工艺品，在锯子的声音和飞扬的木屑中，回归内心的平静。

当然，每个人的兴趣爱好都是不一样的。在与人交往时，如果我们想从他人的兴趣爱好入手，与他人拉近关系，那么毋庸置疑，我们首先要做的就是了解他人的兴趣爱好。这样，我们才能有的放矢，事半功倍。在这个过程中，有些朋友会陷入一个误区，即认为自己只要了解对方的兴趣爱好，就能与对方有共同语言。的确，粗浅的共同语言很容易获得，但是如果我们想要与对方深入交流，尤其是要和对方一样感受到兴趣给自己带来的乐趣，那么只了解对方的兴趣爱好是不够的，而是要真正去做对方感兴趣的事情，从而真正体验到对方从兴趣爱好中获得的乐趣。这样一来，可想而知对方在与你交谈时一定会一见如故，相见恨晚，甚至会觉得你就是他遍寻不得的志同道合的朋友。这样的社交境界，并非是轻而易举就能获得的，这是至高无上的境界。

希尔顿酒店在全世界都大名鼎鼎，因而很多有身份地位和经济实力的客人，都会选择入住希尔顿酒店。有一天，有一位美国女性行色匆匆地入住希尔顿酒店，看起来这位女性顾客衣着考究，言谈举止都带着掩饰不住的高雅气度，因而让人印象深刻。细心的酒店经理还发现，这位女性顾客的鞋子、帽子和皮箱，都是鲜艳纯正的中国红，这使她显得更加与众不同。入住之后，这位女性顾客很快就离开酒店，去参加提前约好的正式会谈了。

这时，酒店经理抓紧时间，让服务人员们一起把这位女性顾客房间的地毯、窗帘和床品等，都换成了中国红。后来，女性顾客回来之后，发现房间完全变了样子，觉得很惊喜。她赶紧询问酒店经理，酒店经理笑着说："尊敬的女士，我发现您的鞋子、帽子和箱子都是这样独特的中国红，所以想到您喜欢红色，正好我们酒店有配套的用具，所以就给您换了。希望您能喜欢，也希望您满意。"这位女性顾客恍然大悟，不由得为酒店经理的体贴入微非常感动，因而当即开出一张巨额支票给酒店经理和服务人员作为小费。

作为初次见面的人，酒店经理就能如此细致入微地观察到顾客的喜好，由此可见，当一个人了解他人的兴趣爱好，并且对他人做到投其所好之后，将会起到多么出人意料的效果。不得不说，酒店经理的营销和服务是非常成功的，他不但得到了女性顾客的巨额小费，而且也为酒店争取到一个更加忠诚的顾客，可谓一举两得。

当然，我们之所以了解他人的兴趣爱好所在，并非是为了拍马溜须，曲意逢迎，而是因为人的本性就是趋利避害，大多数人都想要听到悦耳的话，经历顺心的事，而不希望自己处处被挤兑和违背。所以，我们要避免恶意地对他人投其所好，而要真诚地与他人交往，从而才能使我们与他人的人际关系发展得越来越好。需要注意的是，我们感受他人的兴趣爱好，与他人同乐的前提，是不要勉强自己。毕竟刻意伪装出来的兴趣爱好并不长久，我们如果勉强假装和别人有着相同的兴趣爱好，也很难打动对方的心，博得对方的好感。

具体而言，我们要懂得尊重他人的兴趣爱好，哪怕他人的兴趣爱好是我们所厌恶的，我们也要意识到他人有自己的爱好某些事物的权利，而无须取悦任何人。所以对于他人的兴趣爱好，我们可以表示不赞赏，但是却不要恶意攻击，或者肆无忌惮地否定。其次，在他人诉说兴趣爱好的时候，我们一定要认真专注地倾听。要知道，当我们的倾听打动对方时，对方也会对我们产生好感。此外，在他人的兴趣爱好领域，他本人无疑是最有发言权的。哪怕他不小心说错了什么，或者表现出自己局限的一面，我们也不要不合时宜地好为人师，更不要不顾他人颜面地指出错误。我们必须记住，我们不是鱼儿，我们无法真正感受到鱼儿的乐趣和感受，所以只有尽可能地正确和鱼儿和谐相处，而不要企图改变鱼儿。在和他人交往时，不管是与他人一起交谈他人的兴趣所在，还是真正体验他人的兴趣爱好，都是能够拉近我们与他人关系的好方式，都能对我们与他人的人际交往起到事半功倍的作用。

说话要有针对性，区分不同场合和对象

很多人形容他人擅长察言观色及时调整说话策略时，会想起那句民间俗语，即到什么山头唱什么歌，见人说人话，见鬼说鬼话。其实，很多人误以为这些话含有贬义，实际上在人际交往中，这样的察言观色、及时调整说话策略，是完全有必要的。有些人思维僵硬，在社会交往中，尤其是在与人交流的时候，总是一条道走到黑，完全不知道区分时间、场合和交谈对象。不得不

说，这样的行为是非常不好的，毕竟每个人的脾气秉性不同，每次遇到的说话对象也是完全不同的，所以我们说话必须根据不同的情况，区分不同的交谈对象，才能因人制宜，因场合制宜。否则，如果不管在什么场合，也不区分见到什么人，都说同样的话，那么就会无形中得罪人，甚至使自己陷入困境。

尤其是在职场中，因为人际交往情况复杂，所以我们更要学会因人制宜，区分情况。诸如有些人作为一个中层领导，和下属说话时难免带着颐指气使的味道，但是在面对上司汇报工作时，如果他依然颐指气使，那么必然会得罪领导，甚至导致领导给他小鞋穿，这样就事与愿违、得不偿失了。还有一些人，平日里总是非常强势，甚至不分时间、场合地强势，导致处处得罪人。如果是女人，在谈恋爱的时候也一如既往地强势，那么必然会变得像是男人婆，导致个人问题始终无法得到解决。所以有人才说，聪明的女人知道何时要自力更生，更知道何时要适当示弱，唯有该强的时候强，该弱的时候弱，女人才会在生活中更加游刃有余，在感情上也才能以示弱的姿态赢得男人的疼惜和怜爱。

乖乖女乔楚大学毕业后进入一家大公司工作，在整个试用期她都特别苦恼，因为不管她如何努力，领导就是不喜欢她，而且总是鸡蛋里挑骨头，总是能找出乔楚的错误来。眼看着试用期就要到了，乔楚不由得担心起自己的前途来，根本不确定自己能否留在公司继续工作。无奈之下，她只好请教比她高几届、如今正在做人力资源工作的表姐。

乔楚对表姐说："我真不知道我怎么得罪了领导，我在工作上兢兢业业，任劳任怨，而且对于领导安排的任何工作都做得很完美。但是领导还是吹毛求疵，对我百般不满意。"表姐感到有些难以置信："你确定自己在所有方面都做得特别好？"乔楚毫不迟疑地点点头，说："是啊，表姐你知道的，爸爸妈妈从小对我要求严格，我已经养成了凡事都做到尽量完美的习惯。"表姐忍俊不禁笑了，说："你没毛病，但是你最大的毛病就是没毛病。"乔楚有些不解，表姐继续说：“对于一个职场新人，领导最想做的就是按照权威人士的样子，给予新人一些指点，但是你却剥夺了他的这个权利，也没有给予他这个机会。你觉得他会高兴吗？其实你不如试着犯一些小小的错误，让领导能够一眼看出来，而且给你批评指正。这个时候，如果你表现出谦虚的姿态，虚心接受领导的教诲，那么领导一定会对你刮目相看，而且对你的容忍度和赏识度都会大大提高。”乔楚恍然大悟，拥抱表姐：“听君一席话，胜读十年书啊。我怎么早点儿没有问你呢，不然也不会被领导别扭这么久了。”果然，后来乔楚按照表姐的指示，有的时候打文件故意错一两个字，有的时候让办公桌稍微显得凌乱一些，而当领导给她提出来哪里做得不好时，她马上积极改正，并且诚心诚意感谢领导的指点和教诲。就这样，一段时间以后，乔楚和领导的关系果然得到改善，乔楚呢，几年之后还得到领导的赏识，得到了晋升。

不得不说，一个新人如果从进入公司就很优秀，不但剥夺了领导指点和教诲新人的权利和机会，而且还会使得自己的一切优秀与成就都与领导无关。像乔楚后来这样经常犯些小错误，让领导多多批评和指正她，领导才能找到自己的位置，从而把乔楚的进步和成长都归功于自己。不得不说，说话虽然很简单，只要动动嘴皮子就行，但是如果想把话说好，说得恰到好处，起到预期的效果，就没那么容易了。

不仅在职场上我们说话要察言观色，在现实生活中，我们也要学会与不同的人沟通，才能经营好人际关系。总体而言，我们不管和谁说话，都要注意以下几个方面，诸如要组织好语言，使语言更加准确到位。再如说话要把握好分寸，不要不到位，也不要说得过度，因为过犹不及。凡事皆有度，适度才能起到最好的效果。最后，说话还要区分对象，和不同性别、不同年纪、不同人生经历和教育背景、不同观点的人交往，一定要及时调整自身的说话策略，才能把话说到他人的心里去，也才能成功打动他人的心。很多朋友也许会说，我根本不了解他人，如何才能把话说得迎合他人的心理需求呢？前文说过，只要察言观色，多多用心，我们就能对他人有初步的了解，也能尽量把话说到他人的心里去。

每个人都是社会的一员，都要在群体中生活。要想在生活和社会生活中受人欢迎，我们在与人交往时就要学会随机应变，从而及时调整说话策略，尽量把话说得打动人心，说到他人的心里去。

知己知彼，才能百战不殆

古代的兵法说，知己知彼，才能百战不殆。的确，任何人都不是一个独立的个体，都要在群体中生活，都是社会的一员，因而每个人都要与他人打交道。然而，人又是这个世界上最复杂的生物，人的心理尤其微妙，所以我们要想与他人之间建立良好的关系，就必须了解他人，才能与他人更好地交流，把话说到他人的心里去，成功打动他人的心。

在生活和工作中，很多时候我们都需要说服他人，或者是向他人推销自己，在这种情况下，我们更要做到知己知彼，才能成功让他人接受自己。尤其是作为销售人员。无疑，销售是这个世界上难度最大的工作，因而有人说销售工作首先要推销出自己，这也是很有道理的。因而有人说推销工作是对自己的最大挑战，从这个角度而言，我们要想推销出商品，首先就要推销出自己。因此，销售人员不仅要提升自己，而且要了解他人，才能使得推销工作水到渠成。

也许有朋友说，我们不是推销员，不需要推销商品，也无须推销自己。实际上，任何人际交流的过程，都是我们展示自己、说服他人的过程。要想人际交流更加和谐顺畅、效率倍增，我们就要努力了解他人。尤其是现代社会，竞争无处不在，人与人之间的竞争越来越激烈，很多时候我们与他人交往并非是为了让自己多一个朋友，而是为了征服他人，甚至是为了战胜对手，或者敌人。尽管如今是和平年代，但是没有硝烟的战争随处可见，要想在残酷而又激烈的竞争中脱颖而出，我们就要更加提升自己，了解他人，以便从侧面帮助自己获得成功。

为了提高农作物的产量，发展农业，东周决定开始种植水稻。然而，当时东周的水资源并不充足，而且受到位于高地的西周的控制。在得知东周要改种水稻之后，西周无论如何也不愿意从上游给东周放水。为此，东周的百姓都心急如焚，甚至朝廷也发布消息，说只要有人能够说服西周给东周放水，就会得到重重的奖励。

苏秦的弟弟苏代主动请缨，来到西周进行游说。苏代问西周的人："你们为何不给东周放水，这样的做法可太愚蠢了。"西周的人不知所以，问："为何愚蠢呢？"苏代说："因为如果东周没有水，就只能一直种小麦，而没有办法种植水稻。这样一来，他们再也不会觉得自己有求于你们，你们控制水源的优势也就不复存在。"西周人一听说无法控制东周了，不由得着急起来，问："苏先生，那我们到底应该怎么办呢？"苏代说："如果你们相信我，那就按照我说的，给东周放水，让东周种植水稻。这样一来，东周因为种了水稻，会更加需要你们的水，只要你们一断水，他们就不得不来求你们了。"西周人觉得苏代的话很有道理，而且也的确是为了他们好，因而不但重谢苏代，还很痛快地给东周放水了。

苏代之所以能够成功劝说西周给东周放水，就是因为他并不是完全因为帮助东周，才去劝说西周，而是因为他站在西周人的立场上，帮助西周人推荐更能够控制东周的方法，因而才能够成功打动西周人。从心理层面分析，苏代是因为了解和洞察了西周人的心理，所以很清楚如何劝说西周人放水。最终，苏代不但是东周人的恩人，而且也得到了西周人的衷心感谢。

在谈判过程中，谈判的任何一方都希望如愿以偿地达成目的，希望谈判的结果能够如自己所愿。这也就意味着谈判的任何一方在谈判之前，其实已经对谈判结果有了明确的预期。在这种情况下，我们要想获得谈判的成功，最重要的就是掌控谈判的过程，影响谈判对象的心理，使他们能够朝着我们预期的方向发展。这样一来，我们才能在谈判中更加占据主动，我们对于谈判的预期也才会变成现实。当然，这么做的前提就是要了解对手，因为唯有知己知彼，才能百战不殆。

第9章

制造心理共鸣，引发心理认同的说话策略

在社交场合中，他人之所以对我们所说的话心怀抵触，也不愿意与我们坦诚相见，就是因为他人对我们心怀戒备心理，还没有把我们当成是他们值得信赖的人。人们常说，人生得一知己足矣，还有人说，人生难求一知己。实际上，这都是因为人心隔肚皮，人心与人心之间的距离是世界上最遥远的距离。在人际交往中，只要我们能够成功制造心理共鸣，让他人更信任我们，那么我们与他人的交往也就会水到渠成，事半功倍。

同理心，让你与他人马上志同道合

所谓同理心，实际上是心理学范畴的概念，指的是一个人能够设身处地地为他人着想，而且能够对他人的一些感受感同身受，从而更深刻地了解他人、理解他人和包容他人。在社交活动中，很多朋友都为与陌生人初次见面，或者是与不相熟的人交往感到非常为难。因为他们不知道如何拉近与陌生人的距离，也不知道自己要怎么做，才能与普通的朋友之间更加亲近。

在充满默契的人之间，一时的沉默可以作为默契的表现，即使相对两无言，也是非常美好的境界。但是在缺乏默契的人之间，哪怕短暂的沉默也会使人觉得尴尬和难堪，因为这样的沉默是因为彼此间根本不知道说些什么才导致的。从这个角度而言，我们要想与他人一见如故、相谈甚欢，甚至觉得志同道合，实际上只要以同理心对待对方，更加理解和体谅对方，就可以有效缓解我们与对方之间的关系。

有人说，世界上万事万物皆有磁场，那么我们不难想象，那些相互吸引的人之间，一定是有了强烈的磁场吸引，所以才能更加志趣相投。的确，心理上也是有磁场的，只要我们制造出与对方惺惺相惜的心理磁场，对方就会情不自禁地亲近我们，也会因为与我们之间有着共同语言，因而更加认同我们。这样的结果，当然是我们想要的，也是很多人在人际关系之中苦苦追求的。

一名退伍军人拎着行囊，离开了几年来生活的部队，踏上了归家的长途汽车。漫长的旅途百无聊赖，因而退伍军人恹恹欲睡，只盼着马上就能到家。想起在部队里和战友们有说有笑，他更是觉得想念部队的生活。

一路上，退伍军人都闭着眼睛假寐。突然，正在行驶的汽车熄火了，退伍军人不由得睁开眼睛，环顾四周。乘客们都很着急，原本都要晚上才能到达目的地，这样一耽误，岂不是半夜才能到家了。司机下车去修车了，车上的乘客们你一言我一语地说了起来，无外乎抱怨车子早不坏，晚不坏，偏偏这个时候坏了。退伍军人也下车去帮司机的忙，给司机递递工具，出出主意。在退伍军人的帮助下，汽车很快修好了。司机问退伍军人："你是什么时候学会修车的？"退伍军人笑着说："在部队里，要求我们会修车。"司机很惊讶，似乎见到亲人一般瞪大眼睛看着退伍军人："你当过兵？"退伍军人笑了，说："现在就是复原回家的啊！""我也当过兵啊，你是哪个部队的？"司机的话让退伍军人也如同找到部队一般兴奋，就这样，他们你一言我一语，相谈甚欢，相见恨晚。

退伍军人和司机，因为修车关系变得亲近起来，又因为他们都曾经是军人，所以马上找到了共同话题，发现了共同语言。就这样，原本枯燥乏味的旅途，在他们热切的攀谈中不知不觉就过去了。可想而知，他们后来一定会成为好朋友，因为他们正如英雄一样惺惺相惜，也非常认可和敬重彼此。

在现实生活中，我们要想与他人一见如故，就要引发彼此间的心理认同感。那么如何做，才能让我们与他人相互认同，惺惺相惜呢？其实，并非只有共同的经历，如事例中的退伍军人和司机都是军人，才能引发心理认同感。很多时候，我们只要找到与他人的共同话题，就能与他人马上变得熟稔起来。其次，要想拉近我们与他人之间的距离，我们还应该掌握一定的语言表达技巧，诸如说话的时候多多说起"我们"，不要盲目排斥他人，再如也可以赞美他人，从而使他人对我们心生好感。如果面对的是陌生人，那么我们还要做到主动搭讪，表现出对陌生人的好感，从而快速营造稳固的心理磁场，使得彼此之间始终相互吸引。总而言之，人际关系之树要想常青，就需要我们用心地付出和投入。很多时候，我们给别人留下好印象不容易，但是要摧毁我们在他人心目中的形象却很容易，所以我们必须非常爱惜自己的好人缘，经营好人际关系，让自己处处受到欢迎。

相同的兴趣，瞬间拉近你与他人的距离

如果说在农耕时代人们过着闭塞的生活，还能够勉强做到自给自足，那么在现代社会，人与人之间在生活中和工作中的关系越来越密切，现代人就会很难真正宅在家里，什么事情都不依赖于他人。举个简单的例子，我们的日常所需，是由无数人为我们提供的，当然我们的劳动成果也会以各种各样的渠道分享给他人。从这个意义上说，这个世界上没有任何人能够独立于世，每个人唯有更好地与他人交流与合作，才能让自己生活得更好，也才能为社会做出自己的贡献。

但是，世界上最遥远的距离是什么呢？不是我们分别在地球的两端，而是我们就这样面对面站在一起，心却隔着十万八千里。这种心理上的距离和物理距离不同，物理距离可以随着移动而减小或者增加，但是要想缩短心理距离，却远远不止移动自己那么简单。因而在与他人交往时，我们要想拉近自己与他人之间的关系，只是坐到他人身边还远远不够，而是要找到各种各样、恰到好处的方法，走到他人的心里去。当然，有些方法是显得很突兀的，尤其是在对待陌生人的时候更不适宜使用。那么，要想拉近我们与他人之间的距离，到底哪些方法更适用呢？以相同的兴趣入手，就是个很好的选择，而且显得顺其自然，不会显得过于生硬和目的明显。

很多细心的人会发现，年幼的孩子们哪怕初次见面，也能马上玩到一起，甚至就像相识已久的老朋友，根本不愿意分开。这是为什么呢？其实没有什么玄妙之处，那些小朋友之所以关系亲密，就是因为他们有着共同的兴趣爱好。如一个小朋友正在玩遥控汽车，其他小朋友看到了，马上就会走到这个小朋友身边，看这个小朋友玩；或者在得到这个小朋友的许可之后，和这个小朋友一起玩。这样一来，汽车就会成为他们之间的沟通媒介，让他们在很短的时间内就因为共同喜欢的玩具，变得熟悉和亲密起来。

成人的世界里，虽然各种规则比孩子的世界更加复杂，但是人性却是共通的。不管什么时候，我们就算已经长得很大了，完全忘记了自己孩童时代的模样，但是我们依然有自己的兴趣爱好，而且还有可能幸运地遇到与我们志同道合的朋友。在这种情况下，我们怎能不与对方一见如故、相见恨晚呢！当然，要想找到兴趣相同的朋友，而我们的兴趣二字又从来不会写在脸上，那么我们就要经常展示自己的兴趣，表现出自己的兴趣所在，这样他人才能有更多的机会了解我们，甚至来主动结交我们。这就像是目前热播的《等着你》电视节目一样，那些因为各种原因与亲人失散的人，虽然迄今不知道自己日思夜想的亲人在哪里，但是他们能把自己的心愿公之于世，从而让亲人看到他们的呼唤和渴盼，而得以回到他们的身边。

常言道，物以类聚，人以群分。我们如果个性鲜明，且希望找到与自己志趣相投的人，那么我们就要主动展示自己，让那些很像我们的人，循着我们表现出来的蛛丝马迹，从而成功地找到我们。当然，表现兴趣并非是那么生硬完成的，而是要讲究一定的技巧。诸如我们可以积极参加各种主题活动，如喜欢爬山的人可以加入驴友的队伍中，那么就会结识更多有共同兴趣爱好的朋友。此外，如果我们已经意识到某人可能是我们志同道合的朋友，但是又不好意思直接突兀地问，那么我们就可以以请教的方式接近对方。当我们用对方很擅长的问题去请教对方，相信对方一定会惊喜地看着我们。当然，有的时候欲速则不达，当各种表现兴趣爱好的方式都无法起到好的效果时，我们不如反其道而行之，把自己装扮成一个门外汉，故意以新手的姿态出现，最终给他人以惊喜，也得以给予我们自己更大的回旋空间。

人与人相处时，除了讨论时事之外，最喜欢谈论的就是各自的兴趣爱好。甚至有很多看似内向、平日里沉默寡言的人，一旦说起自己感兴趣的话题，也马上会变身话痨，甚至侃侃而谈，无休无止。由此可见，与打开内向者话匣子的方式，也有着异曲同工之妙。

互惠原则，让对方成为同一战壕的盟友

一个人在面对对手和敌人的时候，必然心怀戒备，甚至不愿意多说什么，生怕被对方设计陷害了。但是在面对自己同一战壕的朋友时，却能够做到坦诚相见，甚至把自己的很多隐私都告诉朋友，只为了与朋友掏心掏肺，关系更进一步。实际上，这就是人心理上的微妙表现，即人的本性都是趋利避害的，都愿意让他人帮助我们进步，而不愿意被他人伤害或者拖后腿。也因此，在人际交往过程中，大多数人虽然会背叛朋友，却不会背叛自己的利益，甚至有些人为了利益，宁愿与曾经的敌人携手并肩。这正应了有人说的，没有永远的敌人，只有永远的利益。的确，在利益面前，一切皆有可能。

从这个角度而言，如果我们想要与他人搞好关系，一味地示好未必有用，但是假如我们能摇身一变和他人成为同一战壕的盟友，那么我们与他人就会成为利益共同体。这样的关系非常坚固，而且因为大家都成为一根绳子上的蚂蚱，所以每个人也都愿意为了维护共同的利益而付出自己最大的努力。

难道这意味着人与人之间只剩下赤裸裸的利益关系吗？其实不然。这只

是告诉我们人与人之间互惠互利很重要。很多头脑活络的人从这个现象上也能找到更好的人际相处之道，那就是在与他人合作的时候，不要为了自己的利益而极度挤压他人的利益，而是要学会谦让，从而保证他人在与你合作的过程中是有利可图的，唯有如此，你们之间的合作才会更加长久。香港的大富豪李嘉诚，在商业领域之所以做得那么出色，就是因为他一直坚持的合作原则是，一定要让合作者有利可图，而且要在可行的范围内让利给合作者，从而保证合作者的利润。从表面来看，李嘉诚似乎并不懂得赚钱的道理，但是实际上他是眼光长远，争取长期的合作。假如李嘉诚在漫长的经商过程中总是压榨其他人的利润，那么日久天长，必然没有人再愿意与他合作，他的商业帝国也就不复存在。

当然，我们只是普通人，我们没有李嘉诚那样的大手笔与很多商界奇才合作，但是作为普通人，我们哪怕不做生意，也是需要经常与人打交道的。在和他人交往时，我们与其斤斤计较，得理不饶人，不如胸怀宽大，在言语上礼让他人几分。这样的退让看似是怯懦，实际上是大格局的表现，是能够赢得他人的认可和尊重的。

大学毕业后，张娜如愿以偿进入一家大公司工作。但是作为新人初来乍到的她，却发现同事关系非常难处。大多数同事对张娜非常冷淡，有一两个同事可能觉得张娜威胁到了他们的地位，因而对张娜虎视眈眈，充满敌意。

有段时间，张娜居然被个别同事在背后告黑状，打小报告，这让张娜非常郁闷。她甚至想要辞职，但是学姐告诉她："新人进入职场，如果没有人脉关系，也没有什么资源，更没有资历，那么遭遇这样的困窘局面是很正常的。你可以与有些同事建立互惠互利的关系，或者加入某一个比较牢固的小团体中，这样才能避免孤军奋战。"在学姐的建议下，张娜选择向着办公室主任刘姐靠拢。据说刘姐到公司七八年了，而且还有点儿后台，再加上刘姐这人本身也挺好的，偶尔还会照顾张娜。为此，张娜顺水推舟，加入了刘姐的小团体。

果然，在此之后张娜就像是找到了组织一样，不再孤单且无可依靠了。

在关系复杂的职场上，大多数公司内部都有所谓的小团体。实际上，一个人孤军奋战的确是很难的，尤其是职场新人实力很弱，就更加难以仅凭一己之力打天下。加入小团体，并不意味着太多形式上的东西，而是意味着人与人之间利益相关，为了维护共同的利益，大家不得不抱团取暖。

当然，我们与他人之间的利益并非是一直存在的。有的时候，我们要让他人与我们利益相关、利益一致。如在《伪装者》电视剧中，作为三料间谍，王凯饰演的阿诚就把汉奸梁某，变成了自己的利益共同体，从各个方面牵制梁某，使得梁某虽然不情愿，却也只能想方设法保护他们，维护他们的利益。当然，现实生活不会像谍战片那么精彩和扣人心弦，我们只需要找出与他人的利益平衡点，就能与他人形成共同利益。

此外，只有共同利益还是不够的。我们要想得到他人的认可、尊重和忠心拥戴，还要学会站在他人的立场上考虑问题，维护他人。很多推销者之所以成为销售界的传奇，就是因为他们的目的不是卖出商品，而是竭尽所能地帮助客户达到满意的结果。这样一来，他们自然会把销售工作做到极致，得到客户的认可和尊重。

最后，我们还要审时度势，与时俱进。每个人的利益不一而足，每个人在不同时间或者人生阶段的追求也各不相同。我们唯有擦亮眼睛，才能更好地与他人结盟，从而也最大限度地保障自己的利益得以实现。

尊重与平等，总是相互的

人与人之间的一切交往，都要建立在尊重与平等的基础之上。假如没有尊重与平等，人际关系会显得非常混乱不堪，而且因为彼此之间缺乏秩序，也会导致人际关系越来越恶劣。毋庸置疑，每个人都想得到他人的尊重，但是我们必须知道，我们唯有尊重他人，才有可能得到他人的尊重。人心很多时候就像一面镜子，对于对着它笑的人，它也会笑起来；对于对着它哭的人，它也会哭丧着脸；对于对着它做鬼脸的人，它更是不知道要夸张成什么样子，如同哈哈镜一样完全没有了原则和规矩。所以，我们要想在良好有序的人际关系中发展自我，就必须首先保证自己中规中矩，讲究礼仪。

现实生活中，很多人觉得处理人际关系完全是小菜一碟，甚至不需要多多费心，就能水到渠成。然而，从本质上而言，人心是这个世界上最复杂的，要想与人交往，我们必须掌握一定的原则和规则。我们要想从他人那里得到，就必须首先付出；我们要想得到他人的善待，就必须先宽容地善待他人。就像很多销售行业的人进行营销时，也要从客户的需要出发进行考虑一样，我们与人交往的过程实际上是推销自己的过程，因此就要想一想：对方要从我们这里得到什么。当然，我们不能完全以客户需求为导向，更不能因为对方希望我们怎样，我们就放弃自己的主观意愿，无限度地去迎合对方。但是我们还是要考虑清楚，因为很多时候我们并不知道从哪里着手，才能把我们与他人之间的关系经营得更好。

在社交活动中，人们不仅仅为了满足自己的一己私欲，也有可能是为了精神上的愉悦和慰藉。所以不要总是把他人看得那么低俗和平庸，我们唯有提升自己的内心，才能与他人更好地相处。实际上纯粹的利益是很好满足的，偏偏是精神层面的需求令人觉得虚无缥缈，捉摸不定。

这段时间以来，丝丝总会心神不宁，因为随着公司结构的调整，和她一起进入公司的几个人里，有人升职加薪；有人公费出国深造，镀金回来之后也必然前途似锦；而唯独她还是原地踏步。她对于前途非常迷惘，不知道自己何时才能化茧成蝶，能够突破自我，不断创新和进步，得到上司的赏识。实际上，丝丝能力并不弱，甚至比那个得到晋升的同事更强，但是她为人低调内敛，性格内向，很少主动表现自己。就这样，在同期进入公司的几个人中，有的人第一时间让上司记住自己，有了好事也能想着自己，因而前途一片光明，但是如同丝丝，却始终如同悄无声息的隐形人一样，根本入不了上司的法眼。这也难怪，全公司这么多人，光是丝丝的顶头上司，就管理着整个部门几十号人。如同毛遂自荐时所说的一样，要想出类拔萃，只能自己把自己放在布袋子里，再从布袋子里钻出脑袋。否则，就算能力再强，如果不愿意进入布袋子，也是没有出头之日的。

丝丝就像是那颗没有进入布袋子的钉子。渐渐地，丝丝也已经意识到自己的问题了，因而决定马上改变自己。她左思右想，觉得自己大好的青春年华不能就这样被埋没，因而她决定要去找总监好好谈谈，当然她也完全是死马当作活马医，因为她很清楚总监未必因为她的一次申述就有所改变，但是她还是想为自己争取一下。果然，在和总监聊了一会儿之后，总监开始使用各种方式打探丝丝的心里话："我听说新来的副总在大家之间口碑一般，你觉得新副总如何呢？"丝丝虽然不会拍马溜须，但是毕竟在基层工作，因而闲言碎语是不会少知道的。她也知道总监原本是想晋升副总的，却被现在空降的副总影响了，因而总监对于新副总未必真的是心怀好意。因而丝丝镇定地说："新副总才来没多久，我不太了解他的为人。不过对于总监您，我却知道大家私底下都很佩服您，也很服气您。我觉得您，您其实应该是最好的副总人选，如果要是举行选举的话，您一定民心所向。"听了丝丝的话，总监高兴得心花怒放。没过多久，因为新副总无法胜任工作，总监被提升为副总，而丝丝也理所当然得到总监的器重，成为办公室主任。

丝丝此前一直默默无闻，后来之所以顺利得到升职的机会，是因为她痛定思痛，意识到自己虽然兢兢业业，但是正因为没有与上司搞好关系，所以才会成为布袋子之外的人，得不到升职加薪。在破釜沉舟和总监交流时，丝丝的话又中肯，又满足了总监的心理需求，而且使得总监沾沾自喜，难怪总监愿意破格提拔丝丝，从而使丝丝迎来自己职业生涯的转折点。

要想打动他人，就要尊重他人，平等对待他人，这样他人才会同样地回馈我们。唯有让对方在精神上得到满足，对我们的所言所行都表示满意，我们才能如愿以偿说服他人。朋友们，尊重与平等是相互的，任何时候我们都要相信，我们的每一分用心付出，都会得到喜出望外的收获。

彼此认同，关系才会越发亲密无间

现代社会，人际关系被提升到前所未有的高度，人与人之间的关系也变得更加微妙敏感。很多人都把人脉资源作为自己生活和工作的重要资源，人们也总是把“多个朋友多条路，多个敌人多堵墙”挂在嘴边。的确，良好的人际关系对于人们的生存起到至关重要的影响作用，很多时候我们与性情相投的朋友相谈甚欢、谈笑风生，但是与彼此缺乏了解和理解的朋友，却话不投机半句多，真是多一句话也不想与对方说。从这个角度来看，人际关系很大程度上取决于我们与他人能否彼此认同，情感共鸣。

很多人都害怕和陌生人打交道，因为他们不知道如何与陌生人相处，更不知道自己说出去的话、做的事情，将会得到陌生人怎样的对待。这样的不确定感，使得我们与陌生人之间的相处面临着重重阻碍，我们甚至不知道如何与陌生人搭讪。实际上，人是感情动物，人们常说只要真心诚意，哪怕把一块石头在怀里揣几年，也能把石头焐热了。的确，打开人心扉的，不是所谓的大道理，也不是那些冠冕堂皇的话，而是感情。只要我们能够与他人之间加深认同感，巩固我们与他人的感情基石，那么我们与他人的交往就会越来越深入，越来越顺遂。

作为百货公司的经理，唐宇几乎每天都要与各种各样的客户打交道，他们不是来退款的，就是来退货的，也有无理取闹的。但是既然是百货公司的经理，在客服人员应接不暇，或者没有能力处理得当的时候，就只能由他出面了。为此，唐宇曾经说，做售后客服工作是最难的，也曾经说自己再也不想当所谓的经理了。但是那些艰难的事情都已经过去了，现在的唐宇，总是能够第一时间帮助客户平复情绪，从而协助客户更好地解决问题。

这天中午，唐宇吃完午饭正在午休，突然听到外面传来激烈的争吵声。他在办公室里凝神细听了一会儿，知道是有个顾客因为买的羊毛西服总是掉毛毛，所以来找售后了。羊毛西服的确有这个问题，但是售后偏偏说："我这么告诉您吧，我老公买的五六千一套的羊毛西服，也是这样的！"这样的话，未免使客户感受到一种压人的意味，因而客户更加不愿意，怒吼道："你老公冤大头我也冤大头吗？你老公愿意娶你这样的女人，我还不愿意呢！"客服受到这样的侮辱大哭起来，唐宇只得结束午休，去处理问题。刚刚见到客户，他就说："很抱歉先生，给您带来不好的购物体验。羊毛西服的确存在这样的问题，您也知道羊毛的纤维很细，有的时候未免不够牢固。如果您坚持要处理的话，我可以帮助您退掉这身西服，当然前提是您的西服还没有下水洗过。如果您愿意继续穿着的话，其实我也曾经备受羊毛西服的困扰，我想我可以给您推荐几种好用的小工具。"唐宇的一番话看似平淡无奇，但是客户听了之后却不再吵闹了，而是选择不退货，同时他还和唐宇就羊毛西服掉毛的问题友好地展开了探讨呢！

其实，唐宇解决售后问题并没有特别的技巧和方法，但是他唯一的原则是不要激怒客户。即不管客户多么无理取闹，不管客户说的多么没有道理，也或者是因为客户自身的认知局限导致对商品产生误导，他都坚持要第一时间认可客户的感受。这样一来，原本情绪激动的客户就更容易恢复平静，而且感情上也更能接受唐宇接下来的讲述，远远比歇斯底里、现场混乱的结果要好得多，也圆满得多。

同样的道理，在和他人相处时，为了让他人感受到我们的尊重和诚意，我们第一时间就要对他人表示认同。这么做，他人才会降低对我们的防范和抵触心理，也才能更愿意继续与我们深入交往。需要注意的是，在认同他人的过程中，我们并不只需要生硬地肯定他人，而是要从以下几个细节顺其自然给予他人认同感。首先，在倾听他人时，我们要能够做到及时反馈，对于觉得他人说得有道理的地方，我们还要给予适当的回应，诸如点头，或者是简单地说一些话表示认可。其次，为了表示对他人的认同，我们还可以采取提起他人名字，或者复述他人觉得重要的话的方式，让他人意识到我们很赞同他们的观点和想法。除此之外，我们还要多多关心他人，尤其要从细节给予他人无微不至的关注和关照，这样会让他人意识到自己在我们心目中的地位很高，自然也就会把我们看得更重。总而言之，一切的好感都是相互的，我们要想得到他人的认同，与他人更好地相处，就要从各个方面认同他人，才能让他人敞开心扉拥抱和接纳我们。

第 10 章

让考官不为难你的面试，投其所好的说话策略

现代社会，职场竞争异常激烈。要想找一份好工作，每个求职者几乎都有过艰难的求职历程。毫无疑问，学会如何与面试官打交道，如何更好地与面试官交流，对于求职的结果将会产生重要的影响。每次怀揣着希望走入面试的房间时，你是否也曾心跳加速，甚至紧张得手心里全是汗？面对面试官或者善意或者“不怀好意”的提问，你是否也曾张口结舌，完全不知道应该说些什么？可以说，当你能够不卑不亢、从容不迫地面对考官，那么你的面试也就相当于成功了一半。如果你在与考官交流时还能非常流畅，以妙语如珠引得面试官心怀喜悦，那么你的一只脚就已经进入了这家公司。

委婉提问，暗示考官你很在乎这个职位

大多数人在投递简历之前，都已经提前了解了公司的情况，并且已经了解了相关的职位。因而，他们一定是希望得到这个职位，才会投递简历，从这个角度而言，每个面试者都希望自己的面试能够成功，很少有人完全抱着走过场的心态参加面试。

那么，如何让考官知道我们作为面试者很想得到这个职位呢？直截了当地说出来，显然有些唐突。假如能够做到委婉提问，以对职位和公司感兴趣以及充满好奇的方式，暗示考官我们对这个职位很在乎，那么考官一定会优先考虑录取对公司更向往的人。

遗憾的是，大多数面试者在参加面试的过程中都有些懵懵懂懂，他们之中很少有人意识到自己要靠努力争取到这个职位，而只是怀着“你问我答”的心态应付面试，尽管他们心底里是很希望赢得成功的。正是在这种心态的影响下，大多数面试者都不敢或者不想主动提问面试官关于公司和职位的事情，这样消极的态度，如何能使面试官更加了解他们的心意呢？很多男性，甚至是女性朋友，一定经历过追求所爱之人的经历。倘若每个人对待工作，也能怀着这样积极的心态，秉持不达目的誓不罢休的态度，那么面试的成功率一定会更高。毋庸置疑，面试过程中的交流和所有人际交流一样，唯有双向互动，才能达到预期的目的。所以面试者们一定要摆正心态，不仅与考官良好互动，更要

掌握打动面试官的技巧，把话说到面试官的心里去，并且通过旁敲侧击的提问委婉暗示面试官自己很在乎这个职位，如此才能提高面试的成功率。

大学毕业后，周凯参加了一家大公司的招聘会。这家公司名气很大，而且待遇优渥，所以吸引了很多大学毕业生参加面试。周凯排在中间靠后的位置，在他前面有几十个人呢。然后，通过观察他发现，那些面试者从面试间走出来后，全都垂头丧气的，更有的面试者一边摇头一边叹气，看起来情况很不妙啊！

既来之，则安之。周凯安慰自己之后，就昂首挺胸地走进了面试间。果然，考官在提问了他几个无关痛痒的问题之后，就准备当着他的面把他的简历扔进垃圾桶。周凯突然问："尊敬的面试官，在您把我的简历扔进垃圾桶之前，我想请问您一个问题；'您认真看过我的简历吗？您真的了解我了吗？'"面试官突然两眼放光地看着周凯，说："谢天谢地，你终于向我提问了。面试到你，在五十个应聘者中，你是唯一一个向我提问的。你被录取了，请去办理入职手续吧！但是出去之后，请不要透露考题。"周凯恍然大悟，原来公司面试应聘者的唯一标准，就是看面试者是否能够主动提问。

对于一个求职者而言，如果眼睁睁地看着面试者把自己的简历扔进垃圾桶，却不敢吭声，也没有提出异议，可想而知这个求职者是多么的胆小怯懦。这是考官故意设的一道面试题，遗憾的是很多面试者都因为没有给出令人满意的答复，最终与心仪的工作机会失之交臂。

如今的人才市场讲究双向交流，面试者和代表公司的考官之间，是双向选择的机会，因而面试者不要在面试过程中唯唯诺诺，而要勇敢地向面试官提问。这样一则可以了解自己想得到的信息，二则也可以委婉向面试官表达自己对应聘的职位非常重视，可谓一举两得。

巧妙询问薪酬，让考官乐于回答

面试过程中，不得不说，有些考官能够坦然回答应聘者关于薪酬问题的提问，但是有些考官却对应聘者关于薪酬问题的提问心生反感，甚至以此论断该应聘者是个目光短浅、唯利是图的人。实际上，这当然是考官的心态不够端正，观点也有失偏颇，但是我们作为应聘者并不能因此评判或者指责面试官，而只能采取委婉提问的方式巧妙询问薪酬，从而避免惹得面试官心生不悦，甚至对我们产生偏见。从应聘者而言，既然是双向选择，薪酬当然是必须了解的重要一项，常常还会影响应聘者做出选择，所以薪酬是不得不了解，也是无法回避的。从生存的角度而言，每个人都要活着，这就需要物质基础，因而应聘者了解薪酬也是在所难免的。眼下只剩下唯一的问题就是，如何巧妙询问薪酬问题，才能让考官乐于回答，且不会对我们产生反感和不满呢？

薪酬问题是一个很敏感且无法回避的问题，如果考官能够主动提起薪酬问题，应聘者当然可以顺势提问。但是如果考官对薪酬问题避而不谈，那么薪酬问题就必须以一定有技巧的方式提出，才能不显得突兀。事实上，有很多考官会把薪酬这个棘手的问题作为一个考题，反过来提问应聘者对于薪酬有何要求。不得不说，能否回答好这个问题，将会决定考官对你的印象。毋庸置疑，如果应聘者说自己完全不在乎薪酬，这是不切实际的，也是无法得到考官认可的。毕竟物质基础决定上层建筑，每一个人虽然都要追求自己的理想，但是生存首先是最现实的问题。但是如果应聘者过于在乎薪酬问题，则又会导致考官认为应聘者目光短浅，从而对应聘者形成不好的印象。要想回答好薪酬问题，应聘者必须把握好适当的度，而且做到不卑不亢，才能回答得为自己加分，也让面试官满意。

在回答薪酬问题时，需要注意以下几点。首先，在面试之前要先了解行业的薪酬范围，这样才能确保你的回答不会让考官大跌眼镜。此外，你还要客观分析自己的情况，以及自己与职位的匹配程度。这样一来，你会对于自己面试的成功率有一定预估，也就可以尽量为自己争取到更好的薪酬。当你的薪酬要求在考官预期之内，在各方面条件相差无几的人才中，考官当然会优先考虑聘用你。

其次，在谈论薪酬问题时，千万不要一味地只谈“钱”。很多时候，考官把薪酬问题作为一道面试题，就是想看看应聘者应聘这份工作是只为了养家糊口，还是与自己的理想和梦想有关。毫无疑问，每一个用人单位都希望员工能够把工作当成是一份事业用心经营，而不仅仅只是一份养家糊口、赖以为生、不得不做的苦差事。了解考官的这个意图后，应聘者回答问题时就有了明确的方向，而是借以谈论薪酬的机会，向考官传达一个信息：薪资虽然重要，但是我更在乎的是职业发展前景，因为我想把这份工作当成一份事业去做。这样一来，在考官心里，你当然会得分更高。

再次，既然薪酬是敏感问题，那么谈论薪酬时当然也要委婉含蓄，毕竟中国人在几千年传统观念的影响下，还不太习惯于赤裸裸地谈钱。当考官问起你的期望薪酬时，千万不要只说一个具体而又生硬的数字，否则一旦说得高了，会使考官觉得你很自负，一旦说得低了，又会使考官觉得自己对你评价过高。最好的办法就是说一个区间数字，也就是一个薪酬范围，这样你才能让自己的说话有缓和的余地，也给自己留下了退路。

最后，在与考官谈论薪酬问题时，还要注意禁忌。很多求职者自作聪明，在被考官问起上一份工作的薪酬时，总是故意撒谎，把上一份薪酬报得很高。他们自以为这样就能为自己争取到更好的薪酬，殊不知行业内很多上层都有交集，而且纸是包不住火的，一旦薪酬谎言被识破，你在考官心目中的位置就会一落千丈。此外，在谈论薪酬问题时，为了保留自己的主动权，要尽量避免先开口说出自己的底线。要知道现在很多公司都采取同工不同酬的私密薪酬制，薪酬的弹性其实很大，一旦面试者先开口，就无法改变了。

总而言之，薪酬问题是个非常敏感的问题，也是求职者和考官都很关心的问题。应聘者一定要沉住气，才能更从容愉快地与考官谈论薪酬问题。

与众不同的自我介绍，让考官对你印象深刻

面试刚开始时，很多考官遵循传统的面试方法，会开门见山地要求面试者进行自我介绍，这样考官也可以借机了解面试者的相关资料，并且观察面试者的语言表达能力、应变能力和心理承受能力，从面试者的自我介绍是否流畅和有条理方面，考官还可以观察到面试者是否具有逻辑思维能力。由此可见，小小的自我介绍根本不是所谓的走过场、走流程，而是能够打动面试官的敲门砖，也是面试者一炮打响给面试官留下良好的第一印象的唯一机会。所以，应聘者必须好好把握自我介绍的机会，从而在自我介绍时展示自己的实力和风采，给考官留下深刻的印象。

然而，通常情况下考官给应聘者用于自我介绍的时间很短，要在短短的时间内，流畅地、有条理地、逻辑清晰重点突出地介绍自己，对于大多数容易紧张的应聘者而言并非是简单容易的事情。所以，应聘者更要提前做好准备，争取让自己的自我介绍更成功，更打动面试官。

张明是一家房地产销售公司的门店经理，最近，公司里正在从内部渠道招聘大区总监，因而张明也跃跃欲试，毕竟他已经在门店经理的位置上工作了很久，为了个人的职业生涯考虑，他也很想再往上晋升一步，从而让自己的职业发展更加顺遂如意。

尽管只是内部竞聘，但是因为公司里人才济济，所以张明也倍感压力。

要知道，有资格参加竞聘的都是经验丰富的门店经理，所以，张明深知自己必须在面试环节做到突出和与众不同，才有更大的胜算。按照以往的经验，面试环节并非只有老总和人力资源部门负责人进行评判，还会有其他经验丰富的大区总监也在场，为老总的人选定夺提供参考意见。为了准备好自我介绍，张明可谓煞费苦心。他知道，作为销售行业的门店经理，参加竞聘的同事们都曾经做出优秀的业绩，而且资历都很深，那么自己的优势到底在哪里呢？

思来想去，张明决定从自己的专业说起。原来，张明大学时是学习法律专业的，良好的法律功底，使得他在从事门店经理的几年时间里，经手的几百单交易，都没有过任何法律纠纷。果然，当张明在自我介绍中说出自己的优势时，老总眼睛里熠熠闪光，似乎被张明吸引住了。虽然公司里有专门的法务部，但是如果各个区域的总监都能把好各自区域的法律关，那么少些纠纷和烦心事对于老总而言还是更好的。就这样，在条件相差不多的几个应聘者中，张明因为法律方面的优势，很容易就凸显出来，博得了诸多考官的一致认可和赞许。

事例中，张明是通过内容来吸引考官的注意力的，其实，除了内容之外，还可以采取新颖的方式，或者独特的语言组织形式，来让自我介绍变得与众不同。总而言之，用心做好自我介绍的目的就是吸引考官的注意，让考官对我们印象深刻，只要不起到相反的作用，很多方法都是可以使用的。可以说在面试时，诸多应聘者就是要八仙过海，各显神通，从而达到预期的目的。

通常情况下，要让自我介绍与众不同，就要注意以下几点。首先，开场白要样式新颖，能够吸引考官的关注。应聘者在进行自我介绍时，考官往往在翻看应聘者的资料，如果开场白能够成功吸引考官抬头看着我们，那么就是非常成功的。其次，在自我介绍的中段，应聘者就该说起自我认知了。应聘者对于自我认知是否客观公正，这是很多考官都非常在意的。因为一个人如果想有好的发展，就要对自己有正确认知，才能扬长避短、取长补短。当然，在此过程中为了增强考官对我们的信心，我们还应该展示自己以往的成就，从而让考官意识到我们的能力还是比较强的。需要注意的是，优点不能说得太多、太空泛。大多数情况下，你切实的工作经验和成就，比起那些泛泛而谈的优点更容易得到考官的认可。最后，还要察言观色，对考官投其所好。当然，也许有的应聘者会说，“我们与考官初次见面，如何做到投其所好呢”。其实这里所指的投其所好，指的是要对公司和职位的情况表现出浓郁的兴趣，或者说些和行业相关的话题，让考官意识到你其实是半个业内人士，也非常具有发展潜力，这样一来你的面试效果当然会事半功倍。

巧妙回答问题，摆脱考官刁难

有人以相亲比喻面试，的确是有些道理的。因为相亲要靠眼缘，讲究缘分，其实面试也是很讲眼缘的。如果一个面试者能够得到考官的“一见钟情”，那么他面试成功的概率就会大很多。但是众所周知，爱情中的一见钟情尚且可遇而不可求，更何况是面试中的一见钟情呢！所以，作为应聘者，我们要想方设法创造“一见钟情”的条件，从而赢得考官的喜爱，让面试官少刁难我们。

经历过面试的人都知道，面试过程中，考官为了考察面试者的应变能力、思维能力和抗挫折能力，真的会以很难回答的问题故意刁难应聘者。有些心理素质差的应聘者，往往被考官问得哑口无言，根本不知道要怎么回答，甚至就呆愣在当场，使得面试无法继续进行下去，不得不终止。难道对于考官的故意刁难，我们就只能束手无策、哑口无言吗？其实不然。只要我们巧妙回答问题，还是能够化险为夷，摆脱考官的刁难的。有些面试者能够洞察考官的心理，也能够灵活运用语言，甚至能够反败为胜，反过来操控考官的心理，在面试中获得成功。

通常情况下，考官刁难应聘者的手段也就那么几种，因而要想未雨绸缪，应聘者很有必要先了解这几种刁难手段，这样在面试过程中很有可能就用得上，从而反而让考官应接不暇。第一种刁难方式，就是挑战性的难题。这种提问方式的特点是，考官对于应聘者的弱势，偏偏哪壶不开提哪壶，明显是打脸和揭短的行为。诸如有些考官面对女性应聘者，会故意刁难问“你觉得女性在工作上是否存在劣势”，很多女性朋友对于这样的问题只是简单否定，并没有给出考官理想的回答。实际上，对于客观存在的难题，我们是无法回避的。考官之所以提出此类问题，并不是为了听到女性朋友自欺欺人的回答，而只是想知道女性朋友将会如何解决未来生活和工作中存在的难题。因为坦然承认客观存在的问题，从而给出理智思考的回答，才能让考官感到满意。

第二种刁难方式，是考官使用激将法故意激怒应聘者。如非亲身体验过这种“变态”的面试方式，大多数应聘者不知道考官对于面试工作居然做到这种地步。采用激将法的考官从刚刚开始进入面试程序，就表现出和应聘者似乎是敌人的样子，对应聘者咄咄逼人，不给应聘者任何缓和的余地。他们眼神犀利，语言尖酸刻薄，突然就会抛出一个满怀恶意的问题，企图激怒应聘者。在这种情况下，假如应聘者被激怒，与考官反目争吵，或者是结结巴巴，不知道如何说如何做，那么就中了考官的圈套，导致面试过程完全失败。相反，对于这样的问题，考官正好观察应聘者的应变能力、控制情绪的能力、处理突发状况的能力，所以应聘者应该神色自若，镇定从容，才能进行理智思考，从而圆满回答问题。诸如考官会对应聘者说“从你的在校表现来看，你很内向，似乎不适合从事销售工作”，那么应聘者可以说“我认为每个不同性格的人都可以把销售工作做出不同的风采，既然消费者并非只喜欢外向开朗的人，那么内向的销售人员也会得到他们的认可和喜爱。此外，也许外向的销售人员擅长侃侃而谈，但是内向的销售人员惜字如金，更善于思考，能给人留下诚实稳重的印象，这也是独特的优势所在”。这样冷静理智的回答，既表现出应聘者对自己的认识客观中肯，也表现出应聘者缜密的思维和充分的自信，是一定能够使考官满意的。

第三种刁难方式，考官会表现出非常和善的样子，对应聘者循循善诱，最终把应聘者引导进入他们的面试陷阱中。看到这里，应聘者一定会觉得头疼，天啊，怎么了，难道面试就是一场没有硝烟的战争，且处处充满陷阱吗？当然是的，所以应聘的朋友们，哪怕看到考官和颜悦色，也千万不要掉以轻心。

当然，不管考官对于我们采取怎样的态度，是何居心，我们都要意识到考官是为了对公司负责，只要考官不对我们展开人身攻击和人格侮辱，我们还是要主动配合考官完成面试的。我们唯一需要做的就是对考官的面试陷阱多多留意，从而才能更好地表现自己，赢得考官对我们的认可和欣赏，也能成功获得自己心仪的工作。

投其所好，说些让考官高兴的话

说起投其所好，很多应聘者都觉得非常为难，毕竟他们根本不了解考官，也不知道考官到底喜欢什么。其实，我们所谓不了解考官的兴趣爱好，但是却可以以侧面的方式赢得考官的欢心。要知道，考官的身份是代表公司，只要表示对公司文化的认可，以及适度恭维公司或者抓住机会赞美考官，就能让考官感到高兴。

从本质上来说，面试就是一个推销的过程，只不过我们推销的不是任何商品，而是我们自己。当我们把自己推销给考官，并且得到考官的认可和接纳，面试也就成功了。从这个意义上而言，面试的本质和推销的本质没有太大的区别，而是大同小异。这是否意味着我们可以把推销的很多技巧也运用到面试上呢？当然可以。所谓举一反三，只要把推销的方法灵活运用，我们就能成功打动考官的心，把自己推销出去。

大多数应聘者都认为，应聘过程中最重要的是要诚实本分，从而把自己的情况如实反映给考官。当然，这是无可厚非的，而且诚实本分是做人之根本，我们唯有做到这一点，才能经营好人际关系。但是，过度诚实本分，实话实说，很有可能会导致面试失败，这到底是为什么呢？要知道，这个世界上绝没有真正的公平，考官也是人，也难免带着主观的色彩看待应聘者，也难免希望被别人夸赞和恭维。毕竟良言一句三冬暖，恶语伤人六月寒啊。要想面试成功，除了诚实本分之外，我们还要说些让考官开心的话，从而使考官对我们心生好感，刮目相看。

那么，怎样说话才能让考官高兴呢？首先，我们要做一个主动热情的应聘者，而不要只是僵硬紧张地等着考官先打破沉默。否则，我们和考官都会因为尴尬的冷场，而感到很难堪。打破沉默的方式有很多，可以进行自我介绍，或者说说自己为何选择该公司应聘，这都是比较好的方式，也不至于显得突兀。此外，我们还可以细心观察考官，从考官身上的小细节展开话题。诸如当看到一位女性考官的项链很特别，可以问问是否是从非洲带来的，也许考官很有可能就非洲风情与你畅谈一番呢。

其次，与考官交流时一定要避免语言僵硬生硬。考官面试应聘者也是很辛苦的，很多应聘者千篇一律的表现还会使考官觉得枯燥乏味，所以当你轻松自如的话如同给考官心中带来丝丝缕缕的清风，考官自然对你印象深刻，也更愿意与你攀谈。当然，在尝试着与考官交流时，细心的应聘者会留意观察考官的微表情，从而根据考官对自己话题的不同反应，及时调整交谈策略。

最后，人的本能就是趋利避害，很多人都喜欢听对自己的赞美之词，而不喜欢听对自己的批评和否定。考官也是如此，肯定也喜欢听到恰到好处的恭维。当然，作为应聘者不能无缘无故恭维考官，而是要把握巧妙的机会，才能把恭维话说得不露痕迹。举例而言，如果考官问你为何大学毕业后过了这么久才寻找工作，你如果支支吾吾说自己不想工作，或者是不愿意过早工作，又或者看不上那些小公司，那么考官一定觉得你有些自负。聪明的应聘者会告诉考官："如今找工作很难（考官一定很认可这句话），我觉得自己还有待提高，所以在大学毕业后又参加了一些培训班，以提高自己的实用技能。在有一定进步后，我也终于想清楚自己想进入怎样的公司，开始怎样的人生，所以才有针对性地找工作。"这样一番话，既坦诚承认了就业市场的严峻，也表现出自己乐于学习的优点，而且还间接抬高了公司的地位，自然能使考官觉得心花怒放。

总而言之，人都是有喜好的，要想赢得考官认可，应聘者就要投考官之所好，才能迅速拉近与考官之间的距离，也增大面试成功的可能性。

第 11 章

玩转职场，让你拥有锦绣前程的说话策略

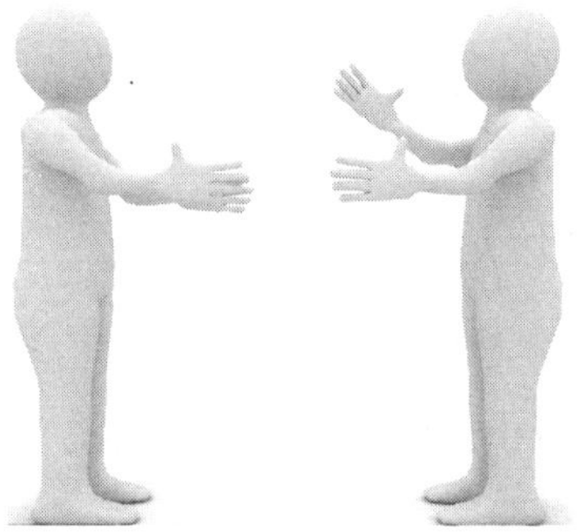

现代社会，每个人的生存压力都很大，成年人要工作，要努力成就自己的事业，尤其是中年人，更是上有老，下有小，压力更大。而且职场上人际关系复杂，一个人如果想在职场上平步青云，有所成就，不但要有能力有胆识，更要会说话，能够玩转人际关系。因此，作为成功的现代人，一定要懂得进退自如，懂得职场说话的策略，从而在工作中做到如鱼得水，游刃有余。

察言观色，把话说到领导心里去

在职场上，只知道闷头干活的下属很难有出头之日，作为普通职员要想得到晋升，除了要把本职工作做好之外，更要察言观色，与领导搞好关系，才能平步青云。有很多职场人士还抱有传统的观念，总觉得只要如同老黄牛一样把工作做好，一切都可以凭借实力为自己代言。但是，现实情况却是，作为职场人，要想出类拔萃，除了要有能力有实力有水平之外，更要与领导搞好关系。有的时候，领导一句认可的话，甚至远远超出我们坚持不懈的努力。当然，这并非是说个人努力不重要，而是说得到领导的认可和赏识更重要。

当然，有些人觉得要想弄懂领导的意图很难，因为领导总是高高在上，很少与下属打成一片。因而有些胆小的下属，就觉得非常心虚，甚至因此躲得领导远远的，根本不想和领导接触。实际上，领导也是人，不是神，也有情感，也有弱点。只要下属善于观察领导，对领导察言观色，设身处地为领导着想，那么下属很容易体察领导的内心，也就能够在恰当的时候在领导面前表现自己，赢得领导的认可。

大学毕业后，林伟和刘刚一起竞聘进入公司。作为新人，他们走得很近，因而彼此熟悉。不过，在试用期即将结束时，林伟和刘刚的命运却截然不同，有了分水岭。

有一天，公司领导接待客户的考察团，因为考察团里有外宾，领导觉得林伟和刘刚都是大学生，因而特意带着林伟和刘刚一起参加接待工作。在宴会上，领导暗示两位大学生给客户代表敬酒，林伟却不以为然地说：“我才刚刚毕业，完全不懂得酒桌上的规矩，而且我也不会喝酒。”林伟说完，领导脸上浮现出尴尬的笑容，他又不好当着客户的面训斥林伟，因而只好转向刘刚。刘刚看到领导尴尬的样子，就知道该自己表现了。因而他豪气地，说：“没问题，虽然我也是大学毕业，但是我愿意舍命陪君子。今天正是依托于公司的大平台，我才有机会认识刘总，这是我三生有幸，更希望能够借此机会发展自己，得到刘总的提携。”说完，刘刚端起酒杯，毕恭毕敬敬了刘总两杯，而且他那番恭维的话，让刘总非常受用。

后来，随着与客户合作的不断推进，刘刚果然被刘总指定为项目负责人，负责与刘总的公司接洽。而林伟呢，至今为止还是一个小小的职员，和刘刚的前途已经不可同日而语。

很多时候，虽然领导高高在上，但是作为下属，只要处处留心，总还是能够找到机会表现自己的。当我们看不懂领导的眼神，或者不知道领导的意图时，不如结合具体的情况，更加用心揣摩领导的用意。这样，一旦我们救场如救火地帮助领导解了围，领导自然更加愿意提拔我们。

日常工作中，作为下属，我们也可以寻找各种机会与领导相处，诸如汇报工作就是一个很好的机会。现代职场，仅仅做到位还不够，还要说到位，才能事半功倍。

赞美领导一定要适度

常言道，忠言逆耳，良药苦口。无疑，孩子天生就有趋利避害的本能，不愿意吃苦涩的东西，而更喜欢甜味。即便成人之后，人们也依然喜欢听到赞赏的话，而不愿意被否定，更不想被批评。在说话时，我们完全可以把握人的这个本性，从而多说些夸赞别人的话，与人拉近距离，变得亲近起来，也博得他人的认可和赏识。不过需要注意的是，赞美他人一定要适度，否则过于夸张的赞美就会产生讽刺的意味，导致事与愿违。

现代职场，越来越多的人意识到和领导搞好关系非常重要，甚至关系到自己的职业生涯发展，因此他们总是不择一切手段地恭维和奉承领导。殊不知，要想说好赞美的话并不容易，领导更是火眼金睛，能够辨别出当事人所说的话是真还是假。在这种情况下，下属要想对领导说好赞美的话，必须多多用心，做到恰到好处，才能事半功倍。

作为清朝末期的一代名将，曾国藩非常自负。有一天曾国藩正好有空闲时间，就把下属们都召集到一起谈天说地，评点天下。说起历朝历代的英雄，曾国藩说“李鸿章和彭玉麟都是首屈一指的大人物，我当然知道自己比不上他们，但是我也还是可以自我夸耀一番的，只是我不愿意这么做而已。”

曾国藩话音刚落，一位下属就迫不及待地奉承道：“大人与他们二位各有所长，李公精明，任何人都欺骗不了他；彭公英雄虎胆，任何人都不敢欺骗他。”说完这些，他突然不知道接下来该说些什么，因为他一时之间找不到合适的言辞来评价曾国藩。这时，曾国藩偏偏有了兴致，好奇地追问：“我呢？你到底如何评价？”在场的下属都大眼瞪小眼，谁也想不出恰当的话来评价曾国藩，现场气氛变得非常尴尬。这时，一位聪明机智的下属突然说：“大人身居高位，德高望重，仁义为怀，任何人都不忍心欺骗大人。”这番话说得恰到好处，而且非常贴切，也暗合了曾国藩的心态，因而全场无人不赞许，曾国藩听了这番话更是得意扬扬，暗暗想道：“此人可以重用。”没过多久，曾国藩官运亨通，成为两江总督，很快就提拔那位下属担任盐运使的重要职务。

不得说，那位下属的确是因为对曾国藩一番恰到好处的赞美，得到了曾国藩的赏识和提拔。现代职场也是如此，一个职员哪怕天天埋头苦干，但是却因为不懂得和领导搞好关系，因而无法得到领导的赏识和赞赏，也是会导致在职业生涯中始终不上不下，非常尴尬的。聪明的下属知道，哪怕埋头苦干一整天，有的时候也比不上领导的一句推荐来得更有效，所以他们在工作之余，总是要努力与领导搞好关系，更是抓住一切机会用心地赞美领导。

要想把赞美说得恰到好处，赢得领导的欢心，我们还要注意，首先要恰到好处地运用赞美之词，这样才能把赞美的话说到领导的心里去，也不至于因为过度夸大其词，引起领导的反感。其次，赞美领导一定要睁着眼睛说真话，而不要睁着眼睛说瞎话，否则领导必然知道你是为了讨好他，才故意阿谀奉承，不但不会对你产生好印象，反而还会因为对你产生偏见，觉得你急功近利。最后，在赞美领导的时候，要做到不卑不亢，虽然我们赞美领导的确是为了与领导套近乎，得到领导的赏识，但是我们的赞美应该是真诚的，也不要司马昭之心，路人皆知。否则当领导听了你赞美的话，浑身都起鸡皮疙瘩，必然对你印象“深刻”且“恶劣”，你就很有可能被领导列入“黑名单”。总而言之，人在职场，赞美是个技术活，更是个艰巨的任务，我们必须认真对待。

巧妙申请加薪，让领导无法拒绝

不管我们把自己工作的理由说得多么冠冕堂皇，为了理想也好，为了梦想也罢，甚至是为了造福于社会和人类，但是除了分文不取的志愿者和义工之外，大多数人之所以工作，首先的任务就是养活自己，或者是维持生计。因此，我们可以打着高尚的旗号工作，但是也要脚踏实地，在做好本职工作之余，还要世俗地期望着领导能够给自己升职加薪，让自己有更多的金钱经营好自己的生活，提高自己的物质水平。当然，这并非是说提起薪资问题就是不高尚的，而是说薪资问题更接地气，更切合实际。自古以来，很多人都不习惯于谈论金钱，主要是因为受到传统观念的影响。实际上，每一个工作着的人都是真正的劳动者，都有权利争取自己的合法权益，维护自己的合法利益。因而在与领导谈论薪资问题时，我们首先要鼓起勇气，摆正心态，底气十足，然后才能理所当然地对领导提出加薪的请求。

当然，在向领导提出加薪请求时，我们应该注意方式方法，这样才能如愿以偿。否则我们颐指气使地要求领导加薪，甚至以辞职威胁恐吓领导，领导一定会觉得很不满意，甚至对我们心生不悦。这样一来，我们与领导针对薪酬的交谈就会不欢而散，甚至产生事与愿违的效果。最严重的后果是，我们还会因此失去工作，得不偿失。由此可见，虽然谈论薪资问题是件小事情，但是如果处理不当，引起的后果还是很严重的，所以每一个职场人士在与领导谈论起薪资问题时，都要谨言慎行，这样才能得到好的结果。

凯威进入新公司已经三年了，三年来，他兢兢业业，对待工作始终任劳任怨。然而，他的薪水从未涨过，而有一个比他晚来公司一年的新人，也并没有过高的学历或者很高的能力，但是薪水却比他高出一大截。当然，在这个采取私密薪酬制的公司，凯威打听差不多资历同事的工资还是很难的，这也是无意间才知道同事的薪资，因而心中马上就愤愤不平起来：不都说一分付出一分回报吗？为何自己勤勤恳恳工作三年，工资却比不上比自己晚来一年多的同事呢！为此，凯威思来想去，决定向领导申请加薪。

当然，作为有三年工作经验的老职员，凯威很清楚申请加薪不是件容易的事情，而且很微妙。为了避免言语过激和领导产生冲突，他最终决定采取书面申请的形式，让领导意识到他的需求和诉求。因此，一天早晨，在领导坐到办公室喝完一杯茶之后，凯威敲开领导的门，毕恭毕敬地把自己的加薪申请交给领导。领导看完申请，下午就找到凯威进行了一番交谈。谈话中，领导也许是被凯威言辞恳切的加薪申请书打动了，也或者是因为不想失去凯威这名踏实肯干的老职员，因而对凯威的加薪请求完全表示理解，并且充分肯定了凯威这三年来对公司的贡献。就这样，凯威和领导的交谈进行得很愉快，而且领导最终还承诺要给凯威涨薪20%。这样的结果出乎凯威的预料，原本他以为能涨薪10%就很满足了。为此，凯威在工作上更加尽心尽力，居然凭着出色的表现，很快又得到了提升。不得不说，正是因为凯威提出加薪的请求，领导才意识到凯威是一名值得珍惜的下属，也才意识到应该给凯威升值了。

小公司里人员少，领导还有很大可能性注意到大多数职员。但是大公司里人员多，优秀的人才更是层出不穷，所以很多不够突出、埋头苦干的下属，就很容易被领导忽视。在这种情况下，下属除了要兢兢业业地做好本职工作之外，更要抓住各种机会进入领导的视野，与领导搞好关系。唯有如此，下属的工作才能得到领导的赏识和认可，也才能得到领导的提拔。可以说，申请加薪不但能为我们博得经济上的回报，更能够帮助我们走入领导的视野，从而使我们在职场上进入新的境界。

当然，为了避免加薪请求被拒绝，换言之，为了提升加薪请求得到满足的概率，我们要注意以下几点。首先，我们要保证自己在工作上表现良好，无可指责，尤其可以在工作上有出色表现之后，把握时机提出加薪。现代职场，很多新人，或者是应聘者，在对公司没有任何贡献的情况下就狮子大开口，恨不得得到超高的薪水，这是完全不现实的。其次，加薪请求未必要直截了当说出来，为了有更大的回旋余地，我们可以以书面申请的方式提出加薪请求，也可以以当面欲言又止的方式让领导主动开口，这样我们就能占据主动。最后，需要注意的是，虽然我们在申请加薪时要尽量把难题扔给领导解决，但是这并不意味着我们对于加薪请求要不闻不问，完全被动，否则领导就会看出我们的态度，一拖再拖，最终导致我们只能哑巴吃黄连——有苦说不出。最好的方式是，在提出加薪请求后，以恰到好处的方式及时提醒领导，让领导及时解决我们的问题，这样领导既无法装作若无其事的样子，也无法对我们的请求置之不理。自然，我们的加薪请求也能够如愿以偿得以实现。

工作汇报得好，助你得到领导赏识

人在职场，如果不懂得汇报工作，只是作为一个埋头苦干的老黄牛整日兢兢业业，那么就很难得到领导的认可和赏识。曾经有人说，哪怕踏踏实实勤奋苦干一整天，也不如一句恰到好处的汇报，更能够在领导心中树立我们优秀下属的形象，这句话是很有道理的。的确，人在职场，尤其是现代职场，只有能力和实力，而不懂得和领导相处，是无法起到事半功倍效果的。

有些人总觉得自己是职场上的千里马，只要表现出自己的实力，总有一天能够走入领导的眼里和心里，从而得到领导的认可。实际上，现代职场上人才济济，尤其是大公司和大企业，每年都会进入很多新人，所谓长江后浪推前浪，如果你没有恰到好处地及时表现自己，那么就会被后浪拍死在沙滩上，领导又如何注意得到你呢！而且大公司大企业原本人就多，哪怕是同一时期的新人，也要相互竞争，只有出类拔萃者才能进入领导视野，得到领导的重视和提拔。因而职场上的朋友们，千万不要再被动地等待领导作为伯乐来找到你们这匹千里马，而要主动表现，借助于汇报工作的机会进入领导的视野，才能在职场上得到更多的机会，也才能得到领导的提携和赞许。

孙文大学毕业后，进入一家公司工作。虽然工作时间不长，但是却与领导打得火热，不管有什么好事情，或者艰巨的工作任务，领导都第一时间想着分派给孙文。这都归功于孙文很善于汇报工作。

有一天，孙文在领导的安排下去拜访一位很难沟通的客户，领导还寄希望于孙文能够搞定客户呢。孙文去了一整天，中午还自掏腰包请客户吃饭，直到下午，孙文才回到公司汇报工作。一见到领导，孙文就迫不及待地说："领导，客户已经搞定了，我总算可以回来见您了，原本我还以为要和客户耗到晚上呢，还想着如果太晚了，就明天早晨再向您汇报工作。"领导显然喜出望外，问："真的搞定啦？你可是立了一大功。"孙文说："是啊，我整个上午都没有见到客户，客户一直在开会，而且貌似也不太愿意见到我。后来我一直在公司前台等着，因为那里是客户初入公司的必经之路。直到中午，客户要出公司吃饭了，我就'拦截'住他，不过他以要吃午饭为由拒绝与我交谈，我随机应变邀请他去楼下很著名的一家泰国餐厅吃饭，他才答应用吃饭的时间与我简单交流。我当然点了很多大菜，花了七百多块钱呢，但是我想以此争取到更多时间和客户交流还是值得的。"说到这里，孙文看着领导，领导点点头，说："放心，这个费用公司报销。"孙文赶紧对领导的体谅表示感谢，然后又说："我吃饭时抓住机会打动客户，后来用餐结束，和客户也比较熟悉了，客户就又给了我下午的时间，我这才得以去到客户公司，和客户正式展开交谈。最终，我们谈了四个小时，因为一个利润点的差距，始终无法达成一致。眼看着要下班了，我为了避免功亏一篑，又想到我们即使让出一个利润点，也是很有利可图的，因而做出让步，最终搞定了客户。"

听完孙文绘声绘色的讲述，领导似乎亲眼看到其间的艰难和曲折，因而非常认可孙文。后来，领导不但给孙文报销了请客户吃饭的费用，还奖励了孙文一笔奖金呢！

在这个事例中，孙文其实是擅自做主，给客户让利一个点，但是因为孙文汇报工作的方式绘声绘色，最终使得领导非但没有批评孙文，反而还给孙文点赞，对于孙文的工作表示大力支持和赞许。就这样，孙文又因为搞定了一个难缠的客户，赢得了领导的赏识，他的职业生涯未来一定会发展更顺利。

人在职场，必须学会汇报工作，才能在职场上有更好的发展。很多职场人士不愿意“抛头露面”地出现在领导面前，因而把在小组合作完成某个项目后，总是把汇报工作的机会让给其他同事。殊不知，哪怕前面的工作做得再好，如果汇报工作时没有出现在领导面前，即便领导知道汇报工作者是代表小组进行汇报的，但是也依然会把更多功劳归于汇报者头上。因此，从这个角度而言，把汇报工作的机会拱手让人，无疑是职场上很愚蠢的行为。所以朋友们，不要再为向领导汇报工作感到为难，抓住这个好机会在领导面前好好表现吧！

适时对领导表忠心，成为领导亲信

封建社会，皇帝因为怀疑身边位高权重的重臣，经常会在依赖重臣打下江山之后，又担心重臣以老资历倚老卖老，因而有史以来很多开国功臣的下场都不是很好。这归根结底还是因为不会表达忠心，也因为越是官位高的人控制欲也就越强，更愿意得到下属的衷心拥戴。其实，不仅仅是封建皇帝喜欢得到万众簇拥，现代职场，那些领导也同样费劲脑汁发展自己的亲信，奢望着拥有对自己绝对忠诚的下属。在这种情况下，作为职场里的下属，我们要想得到领导的认可和赏识，自然有了捷径，那就是对领导表忠心，从而成为领导的亲信。

常言道，一朝天子一朝臣。不管是在职场还是在官场，拥有权势的人总是自己信赖的下属。当我们成为被信赖的那些下属中的一员，还发愁我们得不到更多的机会得以重用和提拔吗？当然，这里我们也要避免进入一个误区，即我们在成为领导亲信之前，一定要更加努力认真地工作，凭借实力为自己代言，这样我们才更容易得到领导的偏爱。要知道，现代职场一个萝卜一个坑，任何没有真才实学、不能为公司创造效益、给领导脸上增光的人，仅凭阿谀奉承，是无法真正得到领导赏识和倚重的。

西汉时期，萧何设下圈套杀死韩信，立下大功，为此刘邦非常高兴，不但对萧何大加赞赏，而且下令封萧何五千户食邑。除此之外，刘邦更是派了都尉组，负责保护萧何的安全。这个都尉组多达五百人，因而萧何每次出门都阵容强大，前呼后拥。看到萧何如此威风，满朝文武大臣都对萧何表示恭喜，但是召平却对此忧心忡忡，他对萧何说："皇上这并不是真心奖赏您，而是想要见识您的一举一动，甚至已经把您当成心腹大患。"萧何马上意识到召平所说的情况有多严重，因而问召平有何办法能够破解危机，召平说："你应该马上拒绝皇上的封赏，告诉皇上如今全国都在紧急备战，所以你愿意变卖田产，把所得都给国库，用于购买战争所需的粮草。而且，你还要祝愿皇上凯旋而归！"

萧何当然知道一旦失去皇上的信任，后果将会多么严重，因而他赶紧写信给刘邦，拒绝刘邦的封赏，而且还变卖了很多家产，支援国库。刘邦这才发自内心地高兴，不但收回对萧何的封赏，而且还撤掉了都尉组，解除了对萧何的监视。

幸好召平及时提醒萧何，萧何才意识到自己已经失去刘邦的信任，从而按照召平的建议火速弥补，再次赢得刘邦的信任，否则萧何的性命就堪忧了。从心理学的角度而言，很多人都有多疑的心理，尤其是位高权重的人，因为高处不胜寒，所以他们更容易猜忌他人。

作为他人的下属或者是下级，我们一定要多多对领导表达自己的忠心，才能最大限度赢得领导的信任，也才能增强领导内心里对我们的安全感，这样领导才能重用我们、信任我们，仰仗和倚重我们。当然，下属对于领导表达忠心耿耿，并非是要直截了当喊口号，而是要以恰到好处的方式表达出来。诸如，可以多多关心公司的前途和命运，也可以在适当的时候以大局为重，放弃自己的小小利益。此外，言谈间也可以多多说我们，不要总是说“我”，这样也能博得领导的欢心，让领导对我们刮目相看。总而言之，我们必须与领导走得近，才能最大限度与领导搞好关系，也得到领导的赏识和器重。

第 12 章

了解客户内心诉求，让销售迅速成交的说话策略

说服是一门艺术，作为最高的语言技巧之一，说服在生活中经常会被派上用场，而能够成功说服他人的人，也更容易取得成功。现代社会，人际交流的能力已经被提升到前所未有的高度，说服也成为销售迅速成交的说话策略之一，甚至很多销售公司都会对销售人员展开培训，从而帮助销售人员更加了解客户心理，说话也能一语中的。

当客户犹豫不决时，不如适当发力

如果客户自身是性格果决、处事果断的人，那么客户往往比较快地下决定，犹豫权衡的时间相对较短。但是如果客户自身的性格就很磨磨蹭蹭，做事情拖泥带水，那么客户在做购买决策的时候，尤其是在购买昂贵商品时，往往会需要很长的时间不断地权衡、思考和比较。然而，客户购买的冲动期是很短暂的，有的时候如果购买行为拖延太久，客户甚至会放弃购买欲望，改变主意不再购买，这在销售行业里是很常见的现象。即一个客户刚刚看到一个商品时特别喜欢，但是却因为长时间的思考，对商品的兴趣渐渐减弱，到最后就根本不想购买了。因而作为销售人员，虽然要尊重客户的意愿，给客户时间思考，但是看到客户过于犹豫不决时，经验丰富的销售人员也会适当发力，从而促使客户尽快下定决心，实现购买行为。

在销售工作中，很多销售人员都习惯于使用正面说服的方法劝说客户成交。对于疑心病重或者拖延成性的客户而言，这样的正面说服法效果很差。很多销售人员都发现，正面说服的销售方法总是导致事与愿违，使得交易无法达成。其实，如果能够在销售过程中适当使用激将法，或者激发起客户不服输的心理，或者刺激客户做出承诺，那么交易就能顺利达成。

作为一名汽车销售员，李坤虽然长得矮矮胖胖，从来不是公司里最养眼的那个销售员，但是销售业绩却很好。这与看颜值的时代潮流格格不入，那么李坤到底是如何做到成功推销的呢？这一切都得益于李坤深谙客户心理，而且很擅长使用激将法。

周末，李坤接待了一对中年夫妇。看上去，他们就是普通的工薪阶层，买车也完全是为了家用。为此，李坤为他们推荐了一款家庭轿车，性价比很高，价位适中。显而易见，这对夫妇很喜欢这辆车，但是他们却说还要考虑考虑。在谈话间，女士问李坤汽车的最低成交价是多少，李坤有些为难地告诉女士：“这款车原本就是促销车型，没有优惠。”女士显然有些不满意，似乎很多女人都有这样的习惯，即买东西一定要砍价，否则就觉得不够完美。这位女士也是如此，她还是要求李坤帮她申请优惠，而丝毫不说何时购买的事情。这时，李坤突然说：“是这样的，我们领导每天也很忙，而且不止我一个汽车销售员去找他申请价格优惠。如果我去申请了优惠您却不买，领导肯定又要批评我。我的意思是，等您确定要买了，我再去帮您申请一次。当然，我还是那句话，这款车型本来就是促销车型，您不要寄希望优惠太多，只是个意思而已。”听到李坤的话，女士明显看起来有些愠怒。她说：“我既然让你去问，肯定就是想买啊！”李坤说：“如果我申请下来优惠，您今天就拍板买下来，那我现在就冒险再去申请一次。如果您今天不能确定买，我还是等您想好了再去申请。”女士不假思索地说：“买！”

就这样，李坤巧妙利用申请优惠的机会，促成了交易。其实，每款车型都有一定的优惠幅度，但是李坤却没有像其他销售员那样一开始就心虚地用优惠来吸引客户的注意，而是等到快要成交时，再以激将法，利用优惠的机会促使客户成交。

很多销售员都始终牢记“客户就是上帝”，因而对客户百依百顺，从来不敢忤逆客户的意思，把客户说的每一句话都奉若圣旨。殊不知，这样的销售人员很难在销售过程中对客户起到引导作用，也就失去了把握销售进展的主动权。要记住，比起客户，销售人员是更权威和专业的人士，虽然销售人员要为客户服务，但是销售人员更要利用自己的专业知识引导客户，帮助客户做出正确的选择和决断。从这个意义上而言，销售人员还有一重身份，那就是“顾问”。所谓隔行如隔山，哪怕客户再精明，也不可能对各行各业都很精通。尤其是购买昂贵商品的情况下，他们更要依赖专业人士的指导和建议。可以说，如果销售人员把自己“顾问”的身份扮演好，那么他们就能对销售工作得心应手，如鱼得水。

当然，使用过激将法的人都知道，要想成功使用激将法，达到自己的交流目的，就要很了解交谈对象的弱点。在销售工作中，也就要求销售人员必须了解客户的心理弱点。此外，激将法并非用之四海而皆准，必须根据不同的客户灵活运用。如果有的人对于激将法毫无反应，那么煞费苦心地用激将法就没有用处了。此外，客户毕竟是上帝，作为销售人员，我们虽然是顾问，却也要掌握好语言的度，不能过于尖酸刻薄和无所顾忌，最终导致客户对我们心生反感。否则，我们的销售工作就会陷入僵局，严重的情况下，客户还会因此彻底否定我们，那么我们也就得不偿失地失去了一个客户。此外，运用激将法还要把握适当的时机。只有在推销工作进入关键时点时，利用激将法才有好的结果，否则一旦激将法使用泛滥，必然使其效力大打折扣。

恰到好处地“刺激”客户，顺利达成交易

对待上帝，大多数销售人员都毕恭毕敬，态度恭顺，然而恭敬是可以的，毕竟客户是我们的衣食父母，但是顺从却是大大的失策，因为在专业领域内，客户相当于是个门外汉，我们才是真正的专业人士。假如我们不能给客户客观的分析和综合的考量以及建议，那么客户必然觉得更加迷惘，且不知道自

己应该作何决定。这岂非与我们的初衷完全背道而驰吗？

一名真正合格且优秀的销售人员，不仅能够为客户服务，更能够引导客户，给客户提出专业的建议，帮助客户尽快做出购买决策，这样才能达到最终目的——促成交易。当然，也许有的销售员觉得在促成交易之前的这些工作都过于烦琐，而只想直奔主题。殊不知，如果一个销售人员眼里只看到成交，心里只想着成交，那么他必然急功近利，也根本无法成功交易。唯有设身处地地为客户着想，以专业人士的身份帮助客户分析利弊，做出最优选择，销售人员才能赢得客户的信任，也才能顺利达成交易。这就是欲速则不达，也是一份付出一份收获的道理。

当然，对于那些过于举棋不定、犹豫不决的客户，我们也是可以说些“刺激”的话的。当然，这里所指的刺激并非是不怀好意地为难客户，而是以刺激性的话语帮助客户尽快下定决心，达成交易。那么，我们可以从哪些方面“刺激”客户呢？实际上，很多客户购买某款产品或者某件商品时，都是有明确目的的。作为销售人员，如果能够抓住客户心理，告诉客户如果不能及时做出决定，也许就会错过这么完美的产品，甚至给自己造成一定的损失，就能让客户产生急迫心理，从而从被动购买转化为主动成交。

作为一名房产销售人员，马丁的销售业绩始终在公司里名列前茅，这与他善于“刺激”客户密不可分。诸如很多同事在遇到举棋不定的客户时，除了列举房子的好处和各种优点之外，只能被动等待，再也没有其他办法可用。但是马丁则不同，他在使用各种招数都不见效之后，还有撒手锏，那就是“刺激”客户。

最近，马丁正在带一对年过六十的夫妻看房。这对夫妻已经退休了，在城里原本有房子，但是为了资助儿子买房，所以他们不得不卖掉自己的房子。不过，他们也不愿意和儿子一起居住，所以就想留出一小部分房款，为自己在郊区买套小房子养老。在马丁带老夫妻看的六七套房子里，一套二层的小两居最合适。这套小两居满足了老夫妻对低楼层的需求，而且有两间卧室，方便老人的儿子过来探望时可以留宿。最重要的是这套小两居总价低，房主也因为急于用钱，还能再降低至少三万块钱，因而老夫妻购买这套房子几乎没有压力。但是，这对老夫妻一生之中这是第一次卖房再买房，因而非常犹豫，不但带了儿子来看房，还分几次带了孩子的大伯、舅舅、姨妈等人来看房。所谓人多嘴杂，果然原本对房子很满意的老夫妻，在亲戚们的挑剔之下越来越苛责房子，甚至决定推翻之前对这套房子的好感，再重新选择。这时，马丁见势不妙，当然他也真心觉得这套房子对老夫妻非常合适，因而当即决定使出撒手锏。一天下午，马丁着急地给老夫妻打电话："张大爷吗？我是马丁啊，有个消息我着急告诉您，您午睡醒了吗？打扰您了吧？"听到马丁的渲染，张大爷就有些着急起来，赶紧问马丁什么事情，马丁这才说："是这样的，您看的那套房子，今天晚上我们同事有个来看的客户，基本就能定。我也是刚刚知道的消息，您知道，销售行业里同行是冤家，我那同事保密工作做得非常好。想到您和阿姨卖房给儿子买房不容易，看到这么合适的房子更不容易，所以我思来想去还是决定赶紧通知您。本来低楼层的二手房就稀缺，如果错过了，真的很可惜。说不定等再遇到合适的房子，价格又上来了，就又不合适了呢！"

和马丁通完电话，张大爷马上结束午睡，和老伴去银行取了定金，就来把房子定了。

很多时候，集权制是有必要的，但因为越是多头管理，就越是容易产生混乱。就像事例中的张大爷夫妻，原本对房子看得非常满意，就是因为七大姑八大姨的你一言我一语，扰乱了他们的心。幸好马丁是经验丰富、销售技巧高超的经纪人，张大爷才没有错过这次各方面都很合适的养老之居所。

马丁的确刺激了张大爷，他告诉张大爷低层的房子稀缺，而且很快就会卖掉，又提醒张大爷很有可能再遇到合适的房子，价格又会不断上涨，导致经济压力大，甚至还会因为钱不够导致交易无法实现。幸好张大爷还算理智，原本犹豫不决的他马上下定决心购买，总算使事情有了圆满的结果。在这件事情里，马丁的“刺激”来得恰到好处，也起到了极大的推动和促进作用。

好口碑，最能让客户认可你

前文说过，买与卖实际上是交易的对立面，所以销售人员也难免会被客户列入被防范的人员名单里。如何赢得客户的信任，对销售人员开展推销工作以及促进交易，会起到至关重要的影响。很多时候，客户不会信任初次见面、缺乏了解的销售人员，也就无法顺利达成交易。而销售人员哪怕用三寸不烂之舌把自己的说得特别好，也很难让客户信服。在这种情况下，销售人员与其费劲地标榜自己，老王卖瓜自卖自夸，不如帮助自己树立好口碑，从而让已经成交的客户在新客户面前说自己的好话，这样必然起到出乎意料的效果。简言之，一个销售人员自夸一百句，也不如老客户夸赞他一句的效果更好。所以，很多销售人员都有深刻的感觉，即老客户介绍来的新客户很好成交，这都是信任的功劳。

一个真正的销售人员，一定要做到有口皆碑。一个成功的销售人员，不但会以各种渠道拓展新客户，还会有稳定的老客户介绍的客户群，也就是以老客户转介绍的渠道获得新客户。这样的客户，往往在没有见到销售员之前，就已经从朋友或者亲戚朋友那里，了解了销售员的情况，对销售员有了最基本的信任。比起与客户从陌生人开始相处，老客户转介绍的客户显然有了坚实的基础，更容易成交就是理所当然的。所以明智的销售员具有服务意识，他们不但在客户成交之前竭诚为客户服务，即便在客户成交之后，也会非常用心地为客户做好售后工作，从而赢得客户的认可，也让客户更愿意把身边的潜在客户介绍给他。这可谓是一举数得，有利而无害的行为。

除此之外，老客户也许不会给销售员直接介绍客户，但是却会口耳相传，诉说这个销售员所代理的产品多么好，这个销售员又是多么的敬业。这样一来，日久天长，这位销售员也会间接获益。也许有的销售员思想狭隘，觉得这都是在为公司做广告。殊不知，皮之不存，毛之焉附。每个销售员都要依托公司的发展，才能有自己的事业，才能获得成功，所以销售员也要有长远眼光，更要把公司当成自己的家来热爱。所谓水涨船高，当产品的口碑名扬四海时，销售员的工作自然更容易展开。

公元1189年，英国、法国的国王，以及罗马帝国的皇帝腓特烈一世，一起率领十字军进行第三次出征。他们的目的地是耶路撒冷。在到达阿尔卑斯山山脚下时，天上突然狂风暴雪，全体将士都觉得脚冻得和冰一样，几乎失去知觉，更别说行走了。在这种危急情况下，罗马骑士法雷诺建议大家用随身携带的皮革把双脚包裹起来，这样才能勉强御寒，从而继续前进。为了纪念法雷诺勇敢无畏、一往直前的精神，意大利的一家皮鞋制造厂特意用“法雷诺”来为他们生产的高档皮鞋命名，可想而知，人们一提起“法雷诺”，就会想起法雷诺将军，也因而对法雷诺皮鞋产生了好感。很快，法雷诺皮鞋就风行全国，而且在世界范围内都得到了人们的追捧。

作为一个品牌，法雷诺借助法雷诺将军激励人心的事迹，从而为自己的品牌也创立了独特的品牌文化。提起法雷诺，人们想到的不仅仅是皮鞋，更是法雷诺将军的精神。又因为法雷诺皮鞋的质量的确很好，所以它的口碑很快就建立起来，也使它成功成为世界名牌。

作为一名成功的推销员，在为客户介绍产品时，一定要拥有品牌意识，更要有目的地为自己公司的品牌创立口碑。具体而言，推销员在推销产品时，可以向客户说一些关于产品的历史典故或者渊源故事，还可以使用具体的事例或者精确的数字，增强自己的说服力。越是说话精确到位，推销员越容易赢得客户的信任。有的时候，推销员还可以利用人们的权威心理，即用权威人士的话来说服普通的民众，效果也会非常好。至于一些贵重物品，诸如金银珠宝和玉器等，因为普通人往往对这些奢侈品缺乏鉴别能力，所以可以出示权威机构提供的鉴定书等，也可以起到建立口碑的作用。需要注意的是，口碑的建立是艰难而又漫长的过程，因此销售员在向客户诉说产品口碑时，一定要避免失实、夸大其词的情况，否则就会导致功亏一篑。总而言之，企业要像爱惜眼睛一样爱惜品牌，销售员也要像爱惜眼睛一样爱惜口碑。

顺势而为，让客户怦然心动

每一个从事销售的人都有曾经有过被拒绝的经历，可以说，经验丰富的销售员就是在被拒绝的过程中不断积累经验，获得成长的。所以也许一个刚刚开始从事销售的人被客户拒绝会觉得沮丧失望，但是一个已经有一定销售经验的销售人员，却很少因为被拒绝而失落。销售工作，从本质上而言就是推销，既然是推销，那么客户当然有可能会拒绝。在这个世界上，大概没有哪个伟大而又自负的推销员，能够保证自己的每一次推销都百分之百获得成功吧。

这也正是销售工作的魅力所在，和普通的工作相比，享受工作更具有挑战性，也充满了未知。没有一个销售员知道自己接下来会面对怎样的客户，也不知道自己针对下一个客户的销售工作会以怎样的轨迹进行下去。因此，销售工作是这个世界上最具有挑战性的工作之一，只有有勇气挑战自己的人，才会选择销售工作提升和完善自我。

现实之中，很多销售员因为被客户拒绝，就觉得和客户之间不可能再有交集，客户更不可能在自己手里成交，所以气愤之余他们甚至会对客户大骂一通，借此解气。殊不知，这是非常幼稚的行为，因为骂人并不能解决问题，而客户的一次拒绝也并不代表永远不会再购买和成交。因此，真正成熟且明智的推销员，会从客户的角度出发思考问题，多多为客户着想，即便遭到拒绝，他们也依然会把客户当成朋友一样。实际上，从心理学的角度而言，销售员在被客户拒绝后，反而更容易获得客户的认可和尊重。这是因为客户在拒绝销售员之后，会对销售员有一定的愧疚心理，而且对于销售员他们也放松了戒备，反而能够更宽容地对待销售员传递给他们的信息。这样一来，推销工作就会出现有心栽花花不开，无心插柳柳成荫的神奇转变。

而且，客户在拒绝推销员之后，通过观察被拒绝的推销员的后续表现，也会对推销员形成良好的印象，甚至在看到推销员的良好表现之后，更加认可推销员的人品。如此一来，客户会对推销员形成基本的信任，也因为此前已经对推销员和产品有了相当的了解，所以推销工作会在轻松的、彼此信任和了解的情况下，事半功倍，获得成功。因而明智的推销员既不会因为客户的拒绝而气愤地大骂客户，也不会因为客户的拒绝而结束推销工作，反而会更加潜移默化地影响客户，对客户的购买心理产生润物细无声的作用。

当然，客户之所以拒绝推销员，一定是有原因的。他们或者觉得产品价格太贵，自己负担不起，需要注意的是这种情况下客户很少直接表明原因，而是找其他借口作为拒绝的理由，因而要求销售员一定要认真观察客户，深入理解客户，才能挖掘出客户拒绝的真正原因。他们对产品质量、售后服务心存疑虑，那么客户就要想办法打消他们的疑虑。此外，还有的客户特别有个性，他们自认慧眼识人，因而会对接待他们的推销员感到不满意，也许是不喜欢推销员的形象，也许是不认可推销员的推销方式，也许是对推销员缺乏经验感到不耐烦。这种情况下，推销员要想扭转局势，就必须让客户重新认识他，并且也要极尽努力地给客户留下良好的印象。总而言之，推销工作并非简单的一买一卖那么简单，推销工作既是推销产品，也是推销销售员自身，购买者不但购买产品，更要首先认可销售员才会决定购买。面对作为上帝的购买者，作为推销员当然不能吹毛求疵，而是要因势利导，顺着客户的需求循循善诱，从而消除客户心中的困惑，打消客户心中的疑虑，最终使销售工作更加进展顺利，获得成功。

古人云，一日三省吾身。作为一名推销员，我们也要经常进行自我反省，从而了解自己的长处和优点，发现自己的短处和劣势，最终把推销工作在自我提升和完善中做得更加尽善尽美，也为更多的人带去优质的产品和服务。

欲擒故纵，让客户主动“上钩”

常言道，女人心，海底针。其实，不仅女人的心是海底针，每个人的心都是海底针，都是难以捉摸和触摸的。对于每一位销售员而言，最难的不是推销产品和推销自己，而是客户的心总是难以捉摸、飘忽不定。而要想推销成功，必须搞定客户的心，让客户信任自己，认可产品，才能最终达成交易。

很多推销员非常真诚地向客户介绍产品，但是客户还是表示怀疑，犹豫不定。其实，在销售策略中，正面说服客户的方法只适用于少部分容易信任他人的客户，对于大多数对推销员怀着戒备心理的客户而言，搞定客户，得到客户的信任，简直难上加难，这也使推销工作很难进展下去。那么，到底如何才能让客户从被动成交变为主动成交呢？只要掌握技巧，这也并非不能做到。很多经验丰富的销售员正是因为掌握技巧，才能创造良好的销售业绩。这个方法就是“欲擒故纵”。欲擒故纵，原本是三十六计中的第六计，意思是先故意放开他人，是他人放松警惕，完全暴露，然后再捉住他人。关于欲擒故纵，古时候诸葛亮七擒孟获，七擒七纵，也并非是脑袋一热的感情用事，而是想要得到孟获真正的降服，从而在政治上为他所用。从这件事情不难看出，诸葛亮的确是天下奇才，而且能够审时度势，让一切尽在把握中。很多人不理解诸葛亮放纵孟获，实际上诸葛亮始终牢牢掌握着主动权，最终才能通过孟获的降服稳定南方局面，不断扩大疆土。

在现代社会的销售工作中，假如销售员也能够灵活使用欲擒故纵的方法对待客户，那么促使客户成交就会变得相对轻松和容易。遗憾的是，总有很多销售员在销售过程中急功近利，恨不得马上就把客户的钱装入自己的口袋里，导致客户产生戒备心理，也使得接下来的销售工作进展艰难。所谓欲速则不达，说的正是这个道理。

其实，客户对于销售员的正面推销往往带着抵触心理，但是对于销售员不小心出现的错误，他们却会暗暗窃喜，迫不及待想要趁着销售员出错的时候占便宜呢！在客户的这种心态下，如果销售员恰到好处地出错，给客户可乘之机，那么客户一定无法继续保持淡定和理性，反而会有些着急起来。

古代社会，有个布店的老板一时兴起，买了一件非常昂贵的貂皮大衣。然而，这件衣服实在太贵了，普通人根本买不起，所以这件衣服挂在布店里三个月，虽然问的人很多，但还是没有卖出去。老板很发愁，因为这件衣服占用了他的流动资金，他甚至不再奢望这件衣服赚钱，而只是想把这件衣服变现。为此，在一天早晨吃完饭准备开张时，他对全店的伙计说："谁能把貂皮大衣卖出去，就奖励谁半个月的薪水作为奖金。"听到老板的话，大多数伙计都接连摇头："老板，我们实在是能力有限啊，去哪里找那么有钱的主呢！"突然，有个新来的小伙计说："老板，放心吧，三天之内，我肯定把大衣卖出去。"听到这话，其他人都觉得新来的伙计不知道天高地厚，要不就是彻底被奖金馋疯了。

次日，店里来了一个贵妇人，衣着打扮看起来非常贵气。贵妇人一进店，眼睛就滴溜溜地盯着貂皮大衣。这时，新伙计问："这位太太，您是想看看这件大衣吗？您气质高贵，这件大衣特别配您。”听到新伙计的恭维，太太很高兴，便问大衣的价格是多少。新伙计挠了挠头，说：“太太，我才来三天，是个打杂的，还不知道价格呢。不过，要是您能从我手里买走这件大衣，那我马上地位就提高了，一定会被老板派成大伙计。这样哈，您等一下，正好其他伙计都不在，大伙计在吃饭，我问一下大伙计。”说完，新伙计朝着正坐在远处厨房里吃饭的大伙计喊道：“师傅师傅，这件最贵的大衣最低多少钱能卖啊？”正吃饭的大伙计喊道：“300块钱！”大伙计声音很大，连贵妇都听得清清楚楚，这时出人意料的事情发生了，只见新伙计说：“太太，这件大衣200块钱。真贵，是吧！也只有你们有钱的太太穿得起，普通人家的妇女，连问都不敢问，摸都不敢摸呢！”贵妇觉得难以置信，小声问：“多少钱？”这时，新伙计说：“对不起，太太，您能声音大些吗？我小时候发高烧好几天，后来耳朵就不太灵了。”这下子，贵妇知道刚才大伙计为什么要喊那么大声音了。她心中暗自窃喜，赶紧掏出200块钱，买下大衣就离开了。其实，她是害怕大伙计吃完饭出来，纠正这个错得离谱的价格。就这样，新伙计成功以200钱的高价，让贵妇迫不及待地买下了大衣。

人总有赚便宜的心理，新伙计正是利用贪便宜心理，成功地把大衣卖给了贵妇，贵妇那么急不可待，甚至都没有讨价还价。不得不说，欲擒故纵的方法的确是效果显著，作为销售人员，我们都应该深入研究这个方法，从而为自己的工作表现加分。

此外，现代社会很多公司还会采取饥饿营销的方式，造成产品供不应求的局面，其实也是利用欲擒故纵的方法。诸如之前大卖特卖的苹果手机，甚至还要加价才能买到，就是因为限量。当然，对于小的经营者而言，饥饿营销的方式用起来总显得没有那么底气十足。不过，就算是一些小摊贩，也同样可以欲擒故纵。诸如有些摊贩会故意雇人在摊位上排起长队，营造供不应求的假象，这实际上就是为了使客户对他们的产品更感兴趣，也更愿意购买。当然，在使用这种方式营销时，摊贩其实还利用了人们的从众心理，不过他们很有可能是无意识用到了从众心理，所谓搂草打兔子——一举两得。

除了这些复杂的方法之外，还可以故意刺激客户，或者给出客户有限的思考和决定时间，从而让客户感到急迫。但是需要注意的是，凡事都要适度，否则就会导致物极必反。在使用欲擒故纵法与客户交流时，要注意采取恰到好处的语气，否则一旦伤害客户的自尊，激怒客户，营销工作必然失败。此外，使用欲擒故纵的方法促使客户成交，不管最终的结果是成功还是失败，销售人员都要做到不动声色，不被客户觉察，否则就会失去客户的信任，可谓得不偿失，后果严重。当然，销售的过程处于不断的发展和变化之中，销售人员必须机制灵活，随机应变，才能保证欲擒故纵法取得成功。

第 13 章

使结果有利于自己，妙语谈判的说话策略

每个人在生活中都有机会与人谈判，因为人与人之间的交谈和心理上的博弈几乎无处不在，我们唯有更好地掌握谈判语言，才能成功说服他人，也才能让交谈达到我们预期的效果。偏偏有些人觉得谈判与自己的生活相距甚远，因而根本意识不到谈判的重要性。实际上，他们对于谈判的理解过于狭隘了，因为除了正式的谈判之外，人与人的交谈如果涉及说服，就是本质意义上的谈判。因而我们必须更加掌握谈判的语言，从而使自己在谈判过程中妙语如珠，也使得谈判的结果能够如我们所愿。

认真倾听，是为了给予对方有力回击

很多人对于交谈，尤其是谈判，都有一个误区。即觉得自己唯有更加占据主动，先发制人，才能最大限度在谈判中占据主动位置。殊不知，不管是日常交谈，还是正式商务场合的谈判，抢先开口都是一个不太明智的选择。古人云，言多必失，祸从口出。在心理博弈的过程中，一个人如果先开口表达自己，一则会给对方传达关于自己的信息，二则也会因为言多必失，导致自己露出破绽。由此可见，在谈判中抢先开口不是好的选择，而应该把说话的主动权让给对方，从而通过认真倾听对方，做到知己知彼百战不殆，最终在谈判中获得成功。

认真倾听，不是怯懦和退让，而是为了给对方最有力的回击，从而采取的退让行为。很多人在谈判过程中总是为了抢占先机而采取先发制人的策略，但是却因为不知所以就开口，反而导致自己处于更被动的状态。实际上，聪明的谈判者绝不会先暴露自己，当他们认真倾听对方的自我表达，那么他们就像是蛰伏在暗处的人，众所周知，在战场上敌明我暗是很有利的，因此这样的谈判者在谈判中也会取得良好的结果。

曾经，有个日本公司要和美国的一家大公司合作。为此，日本公司准备和美国公司接洽以及商谈关于合作的细节。为了迎接美国公司的到来，日本公司做了很多准备，但是在如何接待美国公司以及与美国公司洽谈方面，他们感到非常困惑。毕竟，美国公司实力很强，而日本公司只是个小公司。这样一来，日本公司在气势上就先输掉了一截。后来，日本公司的首席谈判高手出面安排谈判的具体细节，谈判小组的成员虽然都不知道这个谈判高手心中是怎么想的，但是都无条件服从安排，配合谈判推进。

谈判刚开始，面对咄咄逼人的美国公司代表，日方谈判小组的成员毕恭毕敬，甚至低眉顺眼。就这样，美国代表很快依托制作精美、如同好莱坞大片一样的幻灯片，把产品介绍完了。他们原本以为日本人一定会感到非常惊讶，甚至自觉矮人三分，答应他们的一切条件，却没想到日方代表对美国公司的负责人说："很抱歉，我们都听不懂英语，请问您能用日语把刚才的内容再讲一遍吗？或者我们也可以找一个翻译来，你们可以讲慢一些，然后让翻译逐句把内容翻译给我们听。"虽然日方代表看起来毕恭毕敬，但是美国代表却如同泄了气的皮球一样。原来，凡事都是一而再，再而衰，三而竭，战场上更是讲究一鼓作气。但是日方代表的行为，无异于给美国公司的代表泄气，他们在第一次激情澎湃讲述完幻灯片之后，早已经用尽了激情，再也无法慷慨陈词地再来一遍了。

就这样，日方代表不露痕迹地严重打击了美国公司代表的嚣张气焰，使得美国公司代表的计划被打乱，再也无法气势汹汹。日方代表这样看似无意的行为，实际上正是谈判高手巧妙布下的局，目的就在于让美国公司再鼓而气衰。这样一来，日方公司接下来与美方公司的谈判进展顺利，再加上日方是东道主，对付已经泄气的美国公司代表团还是绰绰有余的。最终，可想而知，他们的谈判势均力敌，甚至日方公司还更胜一筹。

在谈判过程中，要想做到认真倾听他人之后有力反击，我们就要做到以下几点。首先，倾听他人先发制人时，一定要保持冷静理智，不要被他人有意或者无意地激怒，这样才能捕捉到更多对自己有用的信息。其次，在倾听的时候，我们还要多多用心，有的时候看似无用的信息恰恰会对我们把握他人心理，赢得谈判成功，起到至关重要的作用。最后，在与他人谈判的过程中，我们还要更从容，哪怕对方故意激怒我们，我们也要保持理智。对于他人的故意刁难，我们与其歇斯底里，不如从容应对，必要的时候还可以以自嘲等方式回应，这样才能扭转局势，反败为胜。总而言之，谈判绝非是只依靠几句话就能取胜的。谈判过程中，先发制人、说的太多的那一方，反而容易自我暴露，导致被对方占据先机。从现在开始，朋友们，就让我们绅士一些，在谈判中表现出良好的谦让风度，把主动开口的权利让给对方吧！

激怒对方，让对方情急之下露出破绽

很多人都喜欢看悬疑推理片，更喜欢看法官在法庭上口若悬河，缜密推理，最终逼迫得罪犯无处可逃，只能对自己的罪行供认不讳。实际上，细心的朋友们会发现，所有人对于一切指责自己或者是对自己不利的言辞，都是统统否定，但是为何即便如此，法官依然能让罪犯认罪伏法呢？其实，这是有心理学依据可循的。即大多数罪犯虽然看起来很彪悍，也不愿意承认自己的罪行，但是他们的内心深处到底是知道真相的，而他们一切的伪装一旦遇到心理攻势，就会露出破绽。不仅法官，很多公安审判人员在审问罪犯时，也是采取各种心理攻势，从而让对方惊慌失措，导致露出破绽，从而他们才能顺藤摸瓜，最终攻破罪犯的心理防线，使得罪犯全线溃败。

在谈判的过程中，在谈判最终结局未定之前，谁也不知道谁才是最后的赢家。就像人们常说的，笑到最后的人，才是笑得最好的人。这话很正确，因为一时的占据上风并不意味着最终的成功，我们在与谈判对象交涉时，谈判对象也许扬扬得意、侃侃而谈，但是我们却正好可以借此机会认真倾听，找出他们的疏漏。有的时候，整个谈判过程中的滔滔不绝，都有可能因为一时的疏忽，导致全盘皆输。

徐丽是一家旅行社的导游。有一次，她带团去外地旅游，当她们风尘仆仆赶到提前预订好的酒店时，却被告知因为锅炉工临时请假，所以她们订好的标准间里都没有热水提供，大家如果想洗漱，只能去公共洗漱间。徐丽马上觉得很恼火，因为住宿标准和待遇都是提前和游客们说好的，如果临时改动，必然引得大家怨声载道，还会导致大家闹意见。思来想去，徐丽决定先不把这个消息告诉大家，而是自己去找酒店经理进行交涉。

徐丽见到酒店经理后，很有礼貌地说：“对不起，已经这么晚了，还麻烦您亲自来跑一趟。是这样的，我们已经告诉所有游客住宿标准，现在大家经过一天的劳累奔波，却无法洗个热水澡，一定会情绪波动，我也无计可施，只好还是请您解决问题。”

酒店经理说：“我也很抱歉。锅炉工今晚临时请假，他临走之前忘记准备好烧热水的事宜，等我们发现的时候，他已经回家了。”徐丽也表示理解：“的确，酒店这么大，只靠您一个人操心，我也可以理解。不过我必须给游客一个交代，诸如为何没有热水洗澡，而且在住宿标准降低之后，他们会得到怎样的补偿。我认为，如果您每个房间给我们减少50元住宿费，那么我可以说服游客去公共洗漱间洗漱。”酒店经理马上反对：“这可不可能，我没有这个权限。”徐丽不卑不亢地坚持说：“如果您认为不能降低入住费用，那么您就按照预先约定的那样给我们供应热水。”酒店经理还是无计可施：“我真的没有办法做到。”徐丽说：“您当然有办法。我建议您或者把锅炉工找回来，或者发动你们的服务人员，帮我们给每个房间拎两桶热水。”毫无疑问，第二种方法根本不可能，因为就算是员工们愿意出力，也找不到这么多的水桶啊。无奈之下，酒店经理只好让锅炉工赶紧打车赶回酒店，就这样，一个小时后，全体游客终于洗上了热水澡。

毫无疑问，徐丽的谈判卓有成效，因为她很清楚酒店经理没有其他的选择。最终，在她提供的两个选项里，酒店经理不得不选择赶紧召唤回来锅炉工烧热水，最终徐丽才能为全体游客争取到合法权益，也避免了游客们意见纷纷。

从本质上来说，谈判的过程就是说服他人接受我们条件的过程。要想成功说服他人，我们必须摆事实，讲道理，从而以事实说话，最终让事实帮助我们增强说服力。当然，谈判情况都是不同的，有的时候为了赢得谈判顺利，我们要保守秘密，先不透露我们的目的，但是有的时候为了给对方形成震慑力，我们又要亮出底牌，从而使得对方对我们心有余悸。当然，我们也要形成发散性思维，不要认为只要是谈判就要因循守旧，实际上我们必须顺势而为，审时度势，才能及时调整思路，做出最出其不意的选择，给对方来个措手不及。总而言之，不管采取怎样的方法，效果决定一切。唯有让谈判取得预期的结果，谈判才是成功的谈判。

面对尴尬，要及时转换话题打破沉默

每一个想要参与谈判的人，都希望自己能够成为谈判的掌控者，主宰谈判的进度，把谈判不断推进，最终达到自己的目的。然而，谈判的过程并不是刻意操控的，大多数情况下，谈判充满了变数，进行谈判时，谈判的每一方也都情不自禁地从自己的利益出发，因而在谈判的过程中难免会为了维护自己的利益，导致与他人产生矛盾和纠纷。在这种情况下，谈判陷入僵局并非是意外的事情，而是意料之中的。不管或迟或早，谈判者都会难以避免地陷入谈判困境，导致自己也变得尴尬和难堪。在这种情况下，很多思维不够灵活的人，总是难以及时转化话题，也会导致现场变得沉默，使得在场的每个人都觉得很尴尬。但是如果机智灵敏，那么就能及时转换话题，从而打破沉默，使得谈判更加顺利地进行下去。

从这个角度而言，及时打破谈判的僵局，化解矛盾，是谈判者必须具备的应变能力，也能够帮助谈判者及时摆脱僵局。当然，要想做到这一点，谈判者首先必须提升自身的素质，增强自己的心理应变能力，从而在面对谈判僵局时也依然信心十足，能够镇定从容地进行下去。实际上，在谈判之中，只要谈判者随机应变，那么很多谈判困境都是可以避免的，也是能够灵活打破的。唯一需要注意的是，我们必须勇敢面对困境，绝不失去信心。很多谈判者之所以能够成为谈判高手，就是因为他们能够灵活使用谈判策略，从而让谈判起死回生。但是，谈判的僵局也并非那么轻而易举就能打破的，谈判者必须有足够的智慧，能够成功以委婉的话语打动他人的心，使得谈判的各方都愿意打破僵局，并且一起朝着这个方向努力，谈判才能大获成功。

需要注意的是，谈判并非是单纯任何一方的事情，谈判要想顺利推进，首先要在谈判的小细节上与对方达成共识，这样大家才能从共同的利益点出发，从而求同存异，最大限度地宽容和理解他人，也使得我们能够成功打动他人的心，从而使得谈判更顺利地进行下去。其次，要想避开谈判中不愉快的问题，我们在遇到尖锐问题时，也可以采取委婉曲折的方法，兜兜圈子。有的时候，舍近求远并非是愚蠢的人才会做出的选择，反而有很多聪明的人，也会迂回曲折，舍近求远。只要能让谈判和谐融洽地顺利进行下去，哪怕绕一些圈子，也是可以始终牢记初心，最终达到目的的。不过，转移话题是有难度的。生硬地转移话题，一旦掌握不好，就会使得谈判更加难以进行。唯有熟练地转移话题，才能不露痕迹，也使得谈判的效果更好。总而言之，作为谈判者，要想恰到好处地转移话题，就必须根据现实的情况做出及时调整，才能在谈话中更加如鱼得水，游刃有余。

总而言之，面对谈判，每一个参与谈判的人都渴望得到好的结果，然而谈判过程的瞬息万变，尤其是谈判的主体都是随时变化的人，所以我们更应该在谈判过程中保持灵活机智，才能最大限度地获得谈判成功。尤其是当谈判陷入僵局时，我们一定不能失去信心，更不能因此就放弃谈判。我们唯有心怀希望，巧妙地以转移话题的方式打破僵局，才能扭转谈判的局势，让谈判转败为胜。

事实和数据，拥有最强大的说服力

在说服他人的过程中，很多人习惯于以晓之以理、动之以情的方式，情和理的确在很多场合都能打动人心，但是在谈判中使用，有的时候效果并不好。尤其是在很多商业谈判中，情和理显得很不入流，毕竟商场冷酷无情，每一家企业合作的初衷都是赢得利润，维护自身的利益，因而很少有企业的谈判代表会为了所谓的情和理而放弃自己的利益。从这个角度而言，所有的谈判并非都能从情和理的角度出发，而要根据谈判的不同场合目的，有针对性地调整谈判的方针和政策，从而拥有更强的说服力，最终促使谈判成功。

在很多商务谈判中，很多谈判者都通过展示自己的产品优点的方式来说服对方，希望达成交易，然而对方对于他们产品的优点似乎充耳不闻，无论如何都不会怦然心动。在这种情况下，谈判想要如愿以偿似乎很难。实际上，如果谈判者能够向对方展示出一系列精确的数字，那么谈判的效果自然就会大大增强。通常情况下，人们都认为事实和数据具有更强大的说服力，也因此在看到准确的数字时，心理上会情不自禁地缴械投降，甚至还会主动以这些事实和数据说服自己。这样一来，谈判自然事半功倍。

得知有家公司要购买办公家具，很多销售人员都闻讯赶来，争先恐后地进行推销。然而，这家公司的采购员对于办公用具市场的良莠不齐，心中早已有数，因而从来不敢轻信任何推销员。但是如果挨家调查这些办公家具的质量和品质，显然又会耗费很长的时间。有一天，正当采购员百无聊赖地看着那些推销员留下的宣传页和产品报价单时，突然看到一份与众不同的资料。这是其中一家厂家的宣传资料和报价单，唯一不同的是，在产品报价单和宣传彩页之间，还订着一张白纸，上面清楚地打印着这家公司所在的写字楼中，有哪几家也用了他们的办公家具，而且还细心地附上了那几家公司的地址和联系电话，从而让采购员或者可以实地询问家具的质量，或者如果觉得麻烦，也可以打电话询问。这样一来，这位采购员当然毫不迟疑地拿起电话，打电话去那几家公司询问办公用品的质量。后来，他还利用空闲时间，也实地看了几家公司的办公家具。果然，这家办公家具的口碑很好，而且得到了大多数公司的认可和好评。就这样，采购员面对的难题一下子就解决了，他无须琢磨哪家公司好或者不好，而是直截了当订购了有实例作为说明的那家厂家的办公家具。

这家家具公司的推销之所以能获得成功，就是因为推销员深谙客户心理，因而选择了距离客户公司同一幢写字楼的几家企业，作为现实的销售例子和口碑。这样一来，采购员不但无须费心调查该公司的产品质量，而且还可以实地去看办公家具的使用情况，更能够亲耳听到使用者对于家具的中肯评价。可以说，这是一个销售的捷径，推销员正因为掌握了这个捷径，所以才能马上得到采购员的认可，达成交易。

任何时候，老王卖瓜自卖自夸对于销售员而言总是效果很差，因此聪明的销售员除了恰到好处地介绍自己的产品之外，一定会努力以事例或者是精确的数据，帮助自己最大限度地赢得客户的信任和认可，从而也使推销效果达到最好。

在谈判过程中，在进行实际操作时，我们在以实例给自己增强说服力时，首先要确保自己所说的事例具体而又生动，而且有据可循，最好能够主动展示证据。切勿随意编造证据，否则一旦对方意识到你是在撒谎或者是在夸大其词，那么就会对你信任全无，也就不会再选择你的产品了。其次，在列举数据进行说明时，我们除了引用这些数据之外，还要表现出自己在专业领域内的素质，以专业的形象出现，这样也能增强我们运用数据时的说服力。当然，为了增强效果，我们最好列举一些尽人皆知的数据，这样以便客户有据可查。此外，列举数据尽量不要说含糊其词的数字，而是要尽量出示权威机构经过证实的结果，这样一来，说服力自然成倍增强。

总而言之，成功的销售在说服客户购买的过程中，一定需要列举真实的案例和有据可查的数字，这样才能真正赢得客户的信任，使得销售水到渠成。此外，信任更是人与人之间相处的基础，唯有建立信任，人际交往才能更加顺遂如意，销售的成功率也必然更高。

被对方攻击时，不如巧妙反问作为反击

在各种正式的谈判场合，谈判对象之间虽然没有拿着刀枪，但是实际上却刀枪相见，兵不血刃，谁都想以心理博弈的方式，以语言作为媒介，从而最大限度地维护己方的权益，也为己方争取到更大的利益。在这种情况下，谈判场就像是没有硝烟的战场，弥漫着紧张的、剑拔弩张的气氛。有的时候即使是说错一句话，都会被对方抓住小辫子，进行肆意攻击，甚至失去巨大的利益。因而，很多经验丰富的谈判高手总是会故意制造各种压力，从而使谈判对象内心惊慌失措，最终不得不心不甘情不愿地做出让步。实际上，在谈判时如果遭遇对方的恶意刁难，我们最简单且直截了当的方式，就是“以其人之道，还治

其人之身”，换言之，不管对方问我们什么问题，我们只要以“反问”的方式把问题抛回给对方，那么对方就会对我们无计可施，甚至不得不接受“烫手的山芋”，导致自己非常被动和尴尬。

细心的朋友们会发现，真正的谈判高手，不管置身于何种谈判的场合，也不管谈判对象的实力多么强，他们都能从容地面对唇枪舌战，以高超的智慧对各种复杂的局面应付自如。他们不但有着敏锐的观察力，对对手的内心洞若观火，而且智慧超群，使得对手对他们根本占不到任何优势。哪怕对手恶意挑衅他们，别有用心地激怒他们，他们也能够恰到好处地及时反击对方。在各种语言策略中，巧设问题发问对方，就是谈判高手们屡试不爽的谈判技巧之一。当然，需要注意的是，如果我们的谈判对手谦和有礼，我们是无须使用这种极具攻击力的方式反驳对方的。只有在谈判对手对我们不怀好意或者恶意刁难、攻势很强的情况下，我们才可以用这种方式后发制人。当然，假如我们也想要先发制人，给对方造成压力，那么情况则另当别论。

要想在谈判过程中取巧，我们除了要有三寸不烂之舌，能够做到谈话滔滔不绝之外，还要能够学习和掌握各种心理策略和语言技巧，从而让我们的能力发扬光大，让我们的语言绽放异彩。那么，我们如何才能以反问的方式巧妙把皮球踢给对方呢？首先，我们在谈判过程中应该保持警觉，这样才能最大限度保持理智，也从而能够敏感觉察到对方任何的攻击行为或者话语。就像一个猎人要想捕捉到猎物，必须带着猎枪，而且随时要准备扣动扳机一样，我们哪怕再谈判之前准备充足，也要在谈判过程中如同敏锐的猎豹一般随时关注谈判的情况和动向。这样一来，我们才能捕捉到对手的任何细微举动，从而及时判断出对手下一步准备如何展开谈判，最终做到未雨绸缪，及时调整谈判策略，把一切工作都做到前面，使对手的任何招数都最终失去效力。

除了这个预防措施之外，如果我们发现阻止对方已经来不及，那么就要学会像踢皮球一样把棘手的问题踢给对方。毕竟，我们不是谈判对手肚子里的蛔虫，不可能对谈判对手的所思所想都完全摸得清清楚楚，在这种情况下，当对手已经抛出难题，作为对谈判的补救措施，我们完全可以采取反问的方式把难题踢给对方解决。当对方对于自己用来刁难我们的问题都觉得哑口无言、无法回答时，那么他当然不可能再颐指气使地质问我们了。这样一来，我们就能从被动到主动，完全扭转局势。

总而言之，谈判的情况瞬息万变，我们在谈判过程中一定要保持机敏，从而做到随机应变。当掌握了反问的方式，我们不仅对于谈判多了一项技巧，而且更能够在谈判过程中占据主动，从而达成目的。

第14章

爱恋之道，恋爱中的动心说话策略

曾经有人说，如果不想被爱情伤害，让爱情永葆新鲜，那么最好的方式就是从来不恋爱，更不要轻易品尝爱情的滋味。这句话尽管残忍，但是却告诉我们一个真相，那就是任何爱情都不可能绝对永远保鲜，而是会随着时间的流逝，渐渐褪色，从充满激情，到平静淡然，再到爱情转化为亲情唇齿相依，是每个想要拥有爱情的人永远也无法逃脱的宿命。实际上，如果在爱情中掌握一定的说话技巧，就能在很大程度上帮助爱情保鲜，也就能够使得爱情更加甜蜜。所以尽管爱情注定是鲜花会凋零，我们还是要掌握爱恋之道，把爱情留得久一些，更久一些。

甜言蜜语，使爱情迅速升温

人与人之间有很多种感情，其中爱情是最为娇嫩的，需要以甜言蜜语作为感情的维系。这也难怪，相爱的两个人原本是八竿子打不着的陌生人，虽然有些爱人原本是同学或者是街坊邻居，甚至是朋友，但是也不乏有些人在真正恋爱之前，根本就是完全陌生，彼此之间没有任何了解。从这个角度而言，要让两个原本陌生人的人彻底如胶似漆地黏合在一起，仅凭爱情的确很难。因而在恋爱的过程中，彼此相爱的男人和女人还要不停地说些甜言蜜语，才能使爱情迅速升温。

也许有的朋友会表示怀疑：甜言蜜语真的如此重要吗？如果没有甜言蜜语，相爱的人就无法彼此黏合了吗？其实，心理学家就此曾经专门进行过实验。心理学家把两组新婚燕尔的爱人全都分开，其中一组每天都你侬我侬的打电话联系彼此，说些甜言蜜语，但是另外一组却不能联系。这样过了十天左右，坚持打电话的新婚夫妻还和之前一样感情亲密无间，幸福甜蜜，但是没有打电话的新婚夫妻之间却明显生分了，说话间也有隔阂的样子。他们十天没见，没有像第一组的新婚夫妻一样热情相拥、甜蜜亲吻，而是彼此间只是礼节性地问好，似乎对方不再是自己的另一半，而只是一个许久未见因而彼此间有些害羞的异性朋友。由此不难看出，甜言蜜语对于维持爱人间亲密的感情是多么重要。

随着结婚之后七年之痒的到来，马力和艾米之间越来越没有激情了。他们就像大多数的老夫老妻一样，按部就班地生活、工作、照顾孩子，完全失去了恋爱时的激情。对于这样的生活，艾米渐渐觉得厌倦，毕竟人是感情动物，没有感情，就像是吃不饱饭或者是陷入干涡之中一样，让人很难忍受。对此，马力却不以为然，他总是说生活就是柴米油盐酱醋茶，反而埋怨艾米对于生活要求太高了。

后来，艾米发现同事小雅和丈夫感情特别好，每到小雅生日或者是结婚纪念日，甚至包括三八妇女节，小雅总能收到丈夫送来的花。有的时候，艾米听到小雅接到丈夫的电话，电话里也总是传来“亲爱的”。一天中午，办公室里人很少，艾米忍不住向小雅请教给爱情保鲜的秘诀，并且埋怨自己的老公马力实在是不懂得任何浪漫。小雅听到艾米的话，不由得笑了，说：“男人都是调教出来的啊，我老公以前简直是个榆木疙瘩呢！他从小在农村长大，哪里懂得大城市里的这些花花肠子，后来我也是抱怨，像你一样。直到有一天，我突然想明白了，与其抱怨，还不如以身作则地教他啊！于是我不再怨声载道，而是在各种节日里为他准备礼物，每天晚上入睡之前，都要求他吻我，早晨上班出门前，我们也会相互亲吻一下。很多人觉得这是个烦琐的形式，实际上真的不一样呢！”听了小雅传授的真经，艾米恍然大悟，原来自己一直以来只是要求马力如何如何，却从未身体力行地去做，而马力又是个马大哈，更是无法处理好生活的细节。

想明白这个道理后，艾米也开始对马力甜言蜜语起来。刚开始时，马力觉得很不习惯，总觉得自己鸡皮疙瘩掉一地。后来随着日久天长，马力也和艾米一样，对艾米说话时越来越甜蜜。就这样，随着语言的调节，他们夫妻间的感情又像新婚一样变得亲密起来，夫妻感情也越来越好了。

的确，现代社会男女平等，所以施予爱并不只是男人的权利，很多女人也可以索求爱，或者以身示范教会自己所爱的人如何爱自己。总而言之，这个世界上并非只有男人追求女人的简单模式，作为独立自主、敢爱敢恨的女人，也可以勇敢地追求自己所爱的男人。很多人都存在一个误区，觉得一旦走入婚姻，所谓的追求也就终止了。殊不知，要想让爱情在婚姻中幸福长存，就要一直保持良好的心态，积极地对待爱情，而不要任由爱情之花渐渐凋零。

那么，日常生活中，老夫老妻到底如何说出甜言蜜语表达对彼此的爱意呢？很多老夫老妻结婚若干年，甚至从未说过“我想你”“我爱你”之类的话，可想而知他们的夫妻语言多么苍白无力，又怎么能够有效加深感情呢。实际上，一句“我爱你”有的时候比多少礼物都能讨得女人的欢心，让女人暗自窃喜，因而高情商的丈夫从来不让妻子张口索要“我爱你”。其次，很多老夫妻已经过了热恋时期怎么看怎么喜欢对方的阶段，甚至对于对方怎么看怎么不顺眼，在这种情况下，一定要调整心态，不要任由自己的负面心态发展下去。实际上，情人眼里出西施，当我们爱一个人时，我们怎么看对方都会觉得喜欢；而当我们厌恶一个人时，哪怕对方非常努力，我们也完全可以鸡蛋里挑骨头，挑剔出对方所有不好的地方，甚至安排给对方莫须有的罪名。因而夫妻之间相处时，任何一方都要调整好心态，感恩对方给了自己幸福的家庭，从而才能以积极的心态，多多发现对方的优点，而宽容对方的缺点。所谓夫妻的相处之道，很多金婚的夫妻都说，那就是宽容。的确，人非圣贤，孰能无过呢，我们唯有更好地包容所爱的人，才能得到他们的理解和尊重，也才能经营好婚姻。尤其是女人，在普通的婚姻里，女人总是喜欢抱怨和责备的。实际上，好男人都是夸出来的，男人的自尊心极强，如果女人总是对男人喋喋不休地抱怨，那么最终的结果不是男人变得更好，而是男人彻底堕落。

最后一点是，很多夫妻都以为结婚了，无须像恋爱时期一样搞些形式主义的东西。实际上，婚姻中更需要形式，因为形式才能给人庄严感，也才能加深夫妻间的感情。每当到了夫妻结婚纪念日，或者是重大节日的时候，婚姻中的任何一方都可以主动表白，从而让自己与爱人之间变得更加亲近、亲昵，感情深厚。夫妻更应该怀着一颗感恩的心面对对方，这样才能时刻意识到对方对我们有多么重要，也才能让婚姻生活更加和谐融洽、感情深厚。

要想情话动人，男人必须了解女人

记得曾经有本书上说，男人来自金星，女人来自火星。的确，我们无从确定男人和女人到底分别来自哪个星球，但是我们一定知道男人和女人确实分属于不同的星球，这一点从男人和女人的巨大差异上就能得到验证。然而，因为男人神经大条，所以很少因为女人不了解自己而感到苦恼，倒是敏感细腻的女人，总是动辄因为男人的一些举动而生气，但是男人却还丈二和尚摸不着头脑，也就无从知道到底应该从哪个方面劝说女人别生气。所以，看着气得七窍生烟的女人，男人却手足无措，像个不小心犯错的大男孩一样无辜地站在一边，这的确使人感到啼笑皆非。因为如此，人们常说“女人心，海底针”，更是有一首歌里还唱道，“女孩的心思你别猜，因为你猜来猜去也猜不明白”。

虽然现代社会男女平等，很多女性也不再是被动地等着男性追求，但是在爱情之中，男性占据主动地位的依然居多。那么，男人如何才能追到心爱的女人，而且还能够把心爱的女人哄得高高兴兴的呢？毋庸置疑，要想做到这一点，男人必须深谙女人心理，而且要能够以情话打动女人的心，才能讨得女人的欢心。

女人的心思真的复杂而又多变吗？还是真像大多数人所说的那样，女人总是喜欢无理取闹呢？难道女人有什么苦衷，所以才会情绪激动，敏感多疑吗？针对女人表现出来的各种奇怪表现，心理学家给出了合理的解释。原来，女性的本性就是非常敏感，因而她们总是能够从生活中捕捉到那些具有威胁意味的信心和感觉。诸如男人不管多大年纪，都可以直截了当地说出来，因为年龄是客观存在的事实啊，根本无须藏着掖着，但是女人则恰恰相反。现代社会，哪怕是七十多岁的老太太，都有可能对自己的年龄保密，这简直让男人抓狂。不过男人也学乖了，既然女人不想说年龄，那就不问年龄呗。如果双方正在进行以结婚为目的的恋爱，这个信息早晚还是要公开的。不过，在社交场合，作为绅士的男人就要杜绝问起女性的年龄了。那么，女人为何不愿意提起自己的年龄呢？实际上，这时因为女人更容易衰老，而且真正美好的青春时光非常短暂，所以大多数女人潜意识里就以避免提起年龄的方式，让自己“永葆青春”。还有些女人因为抗拒一天天变老，连一年一度的生日都不想过呢！

现代社会，随着减肥风潮的盛行，还有很多女性如今把体重也列为绝密的事项。因此，面对那些大明星，很多人都在猜测她们的体重到底有多少，却猜来猜去也猜不中。渐渐地，普通女性也不愿意说起自己的体重，实际上这就是女性自欺欺人的一种方式。总而言之，女人忌讳的话题很多，男人不仅在社交场合中要对女性谨言慎行，而且在婚姻生活中，也更要用心地了解爱人的心，从而才能避免不小心惹恼爱人，让爱人生气。

大学毕业十周年聚会上，同学们相约带着各自的小家庭参加，这样也可以好好乐呵乐呵。除了几个单身贵族之外，有相当一部分同学都已经是三口之家，还有几个同学虽然结婚了，不过还没有要孩子。

毕业十年，昔日的同学再见面自然觉得兴奋不已，大家全都放肆地打闹玩笑。席间，有个同学调侃赵伟上大学期间追过班花，恰好班花还单着呢，因而大家都哈哈大笑起来。这时，赵伟的老婆林丹却不高兴了，觉得自己像是备胎一样，又因为自己生完孩子胖了很多，自然没法与那个所谓的班花一决高下。为此，宴席进展过半，林丹就以家里孩子饿了为由，退席了。赵伟看到林丹不悦的样子，赶紧也告辞离席，陪着老婆回家。一路上，赵伟不停地讨好林丹：“老婆，你怎么有点儿不高兴呢？”林丹愤愤地说：“你天天对着我这个黄脸婆，可真是委屈你了。要是当初你再努力下，追到班花，带着班花参加聚会，那该多么风光啊！”看到老婆打翻了醋坛子，林伟心中暗暗得意，嘴上却如同抹了蜜一样，说：“老婆，我暗恋班花的时候还不懂事呢，要是现在，我绝对追求你，对班花看都不看一眼。况且了，你可是咱们家的一大功臣，要是没有你，我哪有一双龙凤胎儿女呢！你都不知道班花现在还单着，青春不再，看到作为乳母的你，她眼睛里全都是羡慕嫉妒恨啊！”赵伟的这番话说得林丹心花怒放，的确，林丹现在最骄傲的就是一对双胞胎儿女。有了这对可爱的儿女，哪怕让她再胖一些，她也毫无怨言。

赵伟对于林丹的恭维和赞美恰到好处，林丹才会转怒为喜，从见到班花感到有些自卑，再到转为认为自己已经成为人生赢家，心花怒放。毫无疑问，赵伟非常了解自己的妻子，当然他也很爱自己的妻子，所以才会费尽心思把话说到妻子的心里去，逗得妻子马上不再郁闷，而是沾沾自喜起来。

婚姻之中，很多时候男人还无知无觉，女人就已经敏感地生气了，或者郁闷了。在这种情况下，男人千万不要对女人置之不理，虽然男人生气或者郁郁寡欢的时候需要独处，但是大多数女人在生气的时候实际上都是想借机撒娇，得到男人的宠爱和娇纵，所以男人一定要迎难而上。有的时候实在无计可施，哪怕一下子用吻堵住女人的嘴巴，也能让女人渐渐恢复平静。但是，就是不要丢下女人独自生气，否则女人愤怒的情绪无处发泄，一定会因此疯掉的。虽然女人的心思难猜，但是作为负责任的男人，在婚姻生活中还是会努力经营好家庭，把自己心爱的女人宠爱成真正的“小公主”。

女人学会赞美男人，才能把男人捧上云霄

如今的社会上，有很多男人的男性特征越来越退化，如果穿上女性的衣服，他们甚至看起来完全就是女人。然而，即便如此，依然有很多男人还是雄性特征十足的，他们充满男子汉气概，也愿意以男人的姿态一肩扛起所有的责任，让女人看了怦然心动。但是，在危难时刻这样的男人的确能够撑起一片天，但是在日常的生活中，在琐碎的柴米油盐酱醋茶中，这样的男人却因为过于大男子主义，使得女人苦不堪言。毕竟现代社会男女平等，女人也能撑起半边天，所以家不能完全成为男人的一言堂，女人更要求平等和地位。

如果以硬碰硬，天生柔弱的女人当然不是男人的对手，因而以强硬的姿态与男人一较高下的女人，往往输得很惨。聪明的女人呢，她们能够以自己如水的温柔，让男人百炼钢成绕指柔，这也是为何很多男人特别男人，但是却对自己的老婆言听计从、甘愿受到老婆派遣的原因。

从原始时代开始，男人就承担起养育家庭的重任，经常需要离开山洞外出狩猎，女人却只能留在家里照顾孩子，去附近采集野果。这样的原始分工，决定了男人的基因里就充满野性，而对于整个家庭充满控制的权力和欲望。因而很多女人如果想指挥男人，简直难于登天。而且男人是非常爱面子的，如果女人一不小心伤害男人的自尊心，那么男人就会变得桀骜不驯，甚至导致女人的愿望完全落空。从这个角度而言，情商高的女人、驭夫有术的女人，都是懂得赞美男人的女人。可以说，不仅好孩子都是夸出来的，就连好男人，也同样是夸出来的。

一个周末，思雨睡醒了懒觉，想要给孩子做些好吃的，毕竟平时的工作日孩子都在学校里吃快餐，晚上又因为时间紧张所以全家人只能凑合吃，也就只有周末才能给孩子做些可口的饭菜了。为此，思雨准备包饺子，从冰箱里拿

出相应的食材，却突然发现包饺子用的调味料——蚝油用光了。

思雨很想让老公帮自己到楼下超市购买，但是想到上个周末因为让老公帮忙修理面包机，却惹得老公与她吵了一架，她不由得有些犹豫。然而，正等着包饺子呢，她还得和面，突然之间，她脑中灵光一闪，想出了自己在书本上看到的一个好办法。她撒娇似的问老公："老公，你中午想吃羊肉胡萝卜饺子吗？"老公当然毫不犹豫地点点头。思雨又说："老公，我也很想包饺子给你和宝宝吃，但是，你能不能帮我一个小小的忙呢？我保证，只需要占用你十分钟的时间，我实在是分身乏术啊。"听说只要十分钟，老公没有排斥，而是点点头。这时候思雨赶紧扔出糖衣炮弹："老公你太好了，我就知道你是最好的。我好多闺蜜的老公都特别懒惰，但是我早就告诉她们了，我老公是最勤快的。"看到思雨一下子变得这么肉麻，老公不由得笑着说："好啦，快点说什么事情吧，不要再拍马屁啦！"

这时，思雨才请求老公去楼下超市买一瓶蚝油。出乎思雨的预料，老公不但痛痛快快地去买了蚝油，而且回来之后还主动帮助思雨剥了一些蒜，准备吃饺子的时候用。思雨暗暗想道：看来薇薇没有骗我啊，果然赞美能够让男人变得更听话，哼哼！

夫妻之间哪怕已经相依相伴着过了很多年，也依然要讲究说话的技巧。尤其是很多女性朋友都喜欢对男人颐指气使，殊不知，男人最不愿意就是接受任何人的指挥和命令。因而，假如女性朋友求助于男人的时候能够改变语气，采取恰到好处的方式，那么男人就会从被动地、心不甘情不愿地被女性指挥，变得主动地、心甘情愿地帮助女性分忧解难。假如聪明的女性朋友们从婚姻开始就多多赞美男性，那么日久天长，男性一定会被夸成好男人，让女性朋友刮目相看。

现实生活中，很多女性朋友都抱怨自己的丈夫总是十指不沾阳春水，而且对于家务事从来不伸手，她们却忘记了反省自身：在丈夫帮忙分担家务却做得不让我如意时，我都说了些什么？其实，中国大多数家庭还是很少培养男孩做家务的能力，因为大多数男性在最初走入婚姻的时候，都是一个大男孩，对于生活的方方面面根本不知道如何对待。所以他们能够伸出手来帮助妻子就是很大的进步，这种情况下妻子一定不要抱怨他们做得不好，而是要经常鼓励，从而让他们更加积极地去做。所谓熟能生巧，在忍受男性表现欠佳的一段时间之后，他们一定会把家务活做得非常熟练，女性自然也就可以解放了。曾经有很多女性朋友，正是用这种赞美的方法，成功地把丈夫培养成堪比专业大厨的家庭大厨呢！所以，聪明的女性朋友们，从现在开始就学会赞美男人吧，相信你一定会有惊喜的收获哦！

撒娇的女人，更能得到男人的宠爱

现代社会不知道怎么了，很多男人不像男人，很多女人又都不像女人。随着越来越多的男人娘娘腔，也有很多女人都变成了男人婆，甚至比男人还男人。不得不说，女人太要强都不会很幸福，这是因为爱撒娇的女人更好命，也更容易得到男人的宠爱和疼爱。

在良性关系中，女人的撒娇无疑是感情的增稠剂，和那些态度蛮横强硬、语言总是不够温柔的女人相比，爱撒娇的女人如同水一样，瞬间就能融化男人的心。针对于女人撒娇的强大魅力，曾经有心理学家进行过专门的调查，发现女人如果对男人动之以情、晓之以理，则往往很难让自己的愿望如愿以偿地实现。但是如果女人不讲大道理，只是向着男人撒娇，那么男人反而更容易缴械投降，满足女人的许多愿望。这到底是为什么呢？

实际上，这一则是因为男人被女人的撒娇软化了心灵，二则也是因为男人很喜欢在女人面前表现出权威的样子，而女人撒娇，恰恰满足了男人的这种心理。和颐指气使的女人比起来，男人更愿意被女人的撒娇软化，而不愿意被女人铿锵有力的话语降服。所以女人要想得到男人的疼爱和宠爱，就一定要满足男人爱面子的心理，从而给予男人更加高尚的权利。用捧着男人的方式来驾驭男人，从而避免与男人以硬碰硬，不但有利于女人满足自己的心愿，而且能够让自己与男人之间的感情更加甜蜜深厚。

雪诗在第一次婚姻失败了，才与现任老公走在一起。原本，已经有过一段失败婚姻的她很忐忑，不知道等待自己的将会是怎样的命运，但是真正和老公在一起生活，她才发现现任老公非常好，而且很宠爱她。偏偏雪诗是个爱撒娇的女孩，几乎她每次撒娇，都能换来如愿以偿的结果。

前段时间，雪诗因为家里的哥哥下岗了，所以很想给哥哥找点事情做。但是因为哥哥年纪大，再加上根本没有本钱，又很难找工作，所以雪诗突然想要给哥哥买一辆车，让哥哥去做出租车生意。但是雪诗只有几万块钱私房钱，距离买车还差很远呢。为此，她开始对老公撒娇："老公，我有件事情想要求你，你可以答应我吗？"老公问她什么事情，她就是不肯说，反而坐到老公大腿上，用两只胳膊抱着老公的脖子。美人计一用上，老公马上缴械投降。这时，雪诗又说："老公，你就答应我吧，我只是想要花几万块钱办点儿事情而已。"老公当然不缺这几万块钱，就这样答应了雪诗的请求。

在这个事例中，假如雪诗对老公讲道理，说哥哥不能没有生计，那么老公很有可能不会同意她的请求，毕竟每个人都有自己的生活，虽然妹妹要帮助哥哥，却也不能对哥哥全盘代办。但是雪诗很喜欢撒娇，尤其擅长撒娇，只凭着撒娇，就从老公那里得到了几万块钱的支配权，自然问题也就迎刃而解了。

当然，撒娇也并非在任何场合下都是适用的，必须用得恰到好处，才能起到良好的效果。撒娇时，女人一定要把握好度，否则过犹不及。为了使榆木疙瘩的老公意识到我们在撒娇，我们还可以嗲声嗲气，用让人心颤的声音征服男人的心。最后，撒娇的时候还可以赞美和恭维男人，这一定会让男人更加心花怒放、沾沾自喜哦。其实，很多人对于男人都有误解，觉得男人心硬。殊不知，很多男人都是铁汉柔情，只要女人懂得维护男人的尊严和面子，再加上适度撒娇，就能成功地让男人对女人顺从，疼爱和宠爱女人。

再生气，也不要口如利剑伤感情

婚姻生活中，不仅女人需要从男人的甜言蜜语中得到安全感，男人也同样需要从女人的甜言蜜语中得到安全感。偏偏很多男人和女人都不懂得这个道理，尤其是女人，一旦在婚姻生活中不如意，就会马上以语言作为刺刀，恨不得一下子就扎入男人的心窝。殊不知，很多时候一巴掌打下去或者一口咬下去，给男人带来的身体创伤会渐渐复原，但是如果把话戳中男人的心窝子，伤了男人的心，对男人的伤害是没有那么容易消除的。甚至，男人还会因此对感情失去希望，或者决定结束这段感情，这时冲动的、口无遮拦的女人，也就追悔莫及了。

通常情况下，男人在追求女人时，会说很多让女人怦然心动的话，这些话虽然是甜言蜜语，但是实际上却能给女人很大的安全感。例如，“放心吧，有我呢”“我会一直陪在你的身边，直到你变成老太婆”，等等。女人呢，为了得到安全感，也会不停地追问男人是否爱自己。假如男人不愿意说，女人还会死乞白赖地不停追问。由此可见，安全感对于女人而言是多么重要。婚姻生活中，两性都需要安全感。尽管有人说男人是用下半身思考的动物，但是拥有稳定的家庭和忠心的爱人，对于男人而言依然非常重要。

陌生的男女从对彼此毫无了解，到生活在一个屋檐下，难免会有很多的摩擦，甚至矛盾和纷争。在这种情况下，哪怕再生气，也不要把语言作为利剑，肆无忌惮地戳向对方的心，伤害对方的感情。人们常说破镜难圆，就是因为心一旦受到伤害，就再也恢复不到曾经彼此信任的样子。所以夫妻之间一定要珍惜彼此的感情，不到万不得已，千万不要轻易说分手，更不要提出离婚。要知道，恋爱和婚姻都不是儿戏，唯有我们认真对待这件人生大事，命运才不会轻易嘲弄我们。

在朋友的介绍下，乔乔认识了男朋友张坤。初次见面的时候，他们一见如故，丝毫不觉得生疏，仿佛认识很久的老朋友一样。因此没过多长时间，他们就确定了恋爱关系。然而，随着关系越来越深入，乔乔说起话来完全不过脑子，总是想说什么就说什么。渐渐地，张坤对于恋爱的感觉不那么好了，因为乔乔有时候肆无忌惮说出来的话，就像是利剑一样刺入他的心。

其实，乔乔也知道自己性格急躁，说起话来口无遮拦，但是她很努力，也改变不了。有一次，张坤不知道犯了什么错误，乔乔又脱口而出说要分手，张坤黯然离开。失去张坤之后，乔乔才意识到近来张坤给自己带来了很多的快乐，但是对于她的挽回，张坤却说："我们也许并不合适，因为我太认真，承受不起你一次又一次漫不经心地说分手。"就这样，曾经甜蜜的爱人分开了，乔乔也觉得非常苦闷。

现实生活中，太多的人相爱容易相处难，究其原因，就是他们总是不知道如何把握好交流的尺度。的确，爱人应该是最亲密的关系，但是也正是因为相爱的人之间从来不设防，所以来自爱人的伤害总是最深切痛楚，让人难以接受和承担。假如乔乔能够收敛自己随意表达的方式，那么也许她至今还和张坤在一起你侬我侬呢！

要想通过语言给爱人增加安全感，就要避免提及一起禁忌话题，诸如总是频繁提起身边的异性朋友，而且对异性朋友赞不绝口，这不是故意要打翻醋坛子的节奏吗？此外，不管由于什么原因，尽量不要和爱人撒谎，否则就会失去爱人的信任，也会让爱人在婚姻之中变得惶惑不安。当然，除了这些不能说的之外，还应该多多向爱人表达爱意，告诉爱人他是自己的唯一，这样爱人才会更加有安全感，也会因为你真诚的爱意表达，与你之间的感情变得更加深厚。

第 15 章

幸福家庭，让婚姻更和谐的说话策略

每个人都是社会的一分子，而每个家庭则都是这个社会的基础单元。人们常说国泰民安，成龙也唱道“没有大的国，哪有小的家”。实际上，只有一个个小的家庭幸福美满，社会才能更加安定，整个国家也才能够凝聚力量，更加强大起来。然而，尽管家庭是很小的，有的家庭只有两个人，稍微大点儿的家庭也只有五六口人。但是，要想让家庭幸福和谐，却不是那么容易的事情。正因为一个家庭中各个成员之间都关系密切，所以更容易产生矛盾和纠纷，在这种情况下，唯有掌握说话的技巧，才能让婚姻更加和谐有序，也才能为社会稳定贡献一份力量。

孝敬父母，要会哄父母开心

每一个婴儿从呱呱坠地开始，睁开眼睛看到的第一个人，或者是医生，或者是自己的父母。从此之后，他就要在父母的精心照顾下，逐渐成长，从只能依靠他人的弱小生命，到渐渐牙牙学语、蹒跚学步，总而言之，生命就是一个奇迹，是在父母全心全意的呵护下不断成熟的奇迹。

随着孩子逐渐长大，父母从年轻到中年，最后进入老年。不得不说，人生是一个很奇妙的轮回，在父母进入老年之后，孩子与父母的角色会产生互换，从父母照顾孩子，到孩子照顾父母。遗憾的是，在生命的轮回中，很少有孩子在长大成人后对父母的照顾，能够赶得上父母曾经对小生命照顾的十分之一。这就是人生的无奈。随着社会不断进步，人们对于物质和金钱的追求，更有很多孩子进入啃老模式，恨不得把父母所有的钱财与资产都据为己有，这样他们也就无须再艰难地奋斗了。因此，时下对父母不孝顺的新闻几乎天天都能看到，而且虐待父母的新闻也并不罕见。

在封建时代，社会体制尽管有很多弊端，但是孩子对于父母的孝顺却被列为头等大事。常言道，百善孝为先。试想如果一个人连辛苦抚养他长大的父母都不孝顺，又怎么能够宽容对待他人，仁慈友爱他人呢！一个真正有爱心的人，一个真正善良的人，首先要把自己的一切爱回报于父母身上，然后才能谈及爱祖国、爱人民、爱他人等……常常有人承诺一旦自己过得好了，就要开始孝顺父母，给父母买着买那，供吃供喝。殊不知，子欲养而亲不待，孝顺父母不能等到自己条件好了，才去做，更不能一竿子支到很远之后，那样是没有机会孝顺父母的。实际上父母辛苦供养我们长大，并非为了有朝一日得到我们的回报，因而很多时候孝顺父母也不在于给父母买了多少东西，而在于要有心。

真正孝顺的孩子，懂得体谅父母的苦心，懂得感恩父母，更知道父母倾其所有、不遗余力地为孩子付出，是真心地为了孩子好。因而，作为父母，只要得到孩子的理解和体谅，也得到孩子的牵挂和惦念，他们就会感到满足了。如今很多年轻人都在外地工作，因为工作忙碌，很少回家探望父母。有的时候，他们甚至忙得连给父母打电话的时间都没有。尽管他们给了父母一些钱作为花销，或者有心人还会买些东西寄回家给父母享用，但是实际上他们都是不孝顺的孩子。记得中央电视台曾经有一则公益广告，即一个小男孩在看到妈妈端水给姥姥洗脚之后，也端水给妈妈洗澡。这样一则广告虽然情节简单，但是其间蕴含的亲情，却感人至深。很多时候，给父母更多物质上的回馈，都不如常回家看看，陪妈妈买菜，陪爸爸聊天，陪着爸爸妈妈吃一顿团圆饭。

当然，因为年龄的差距，也因为年轻人走到了更为广阔的天地中生活和工作，所以很多年轻人在和父母交流时，总是因为父母的落后和闭塞，对父母不以为然。你为何不想一想，如果没有父母的托举，又何曾会有你今日的成就呢？所以，在与父母沟通时，我们一定要做好心理准备，更加理解父母的语言渐渐迟缓，思维渐渐僵硬。首先，就像父母曾经总是对年幼的我们谆谆叮咛一样，那每一声叮咛都是爱的语言。如今父母老了，我们是否也应该多多说些关心父母的话呢！其次，我们还要理解父母。父母和我们不是一代人，因而思想上存在差距是正常的。每个平常的日子里，每个过日子的人家都会有各种各样的摩擦和磕碰。因而在和父母交流时，我们要尽量更理解父母。哪怕是与父母的意见和观点不一致，我们也要委婉地表达自己的思想和观点，从而避免伤了父母的心。当然，面对为我们操劳一生、已然白发苍苍的父母，我们更要多多说些感谢父母的话。如今有很多父母即使退休了，也依然在家中发挥余热和余光，或者为孩子养育孩子，或者为孩子操持家务，也是非常辛苦的。不管什么时候，也不管父母做得是否符合我们的心意，我们都要感恩父母。唯有如此，生命的轮回才更有意义。

父母是赐予我们生命的人，不管什么时候，我们都要用心体察父母，从而给予父母力所能及的回馈。而唯有我们学会感恩，我们的下一代才会在我们身上找到学习的榜样，从而更坚定地把爱的力量传递和延续下去。

会沟通的婆媳，才能变成好母女

在整个世界范围内，婆媳关系都是非常敏感而又难以相处的关系。封建时代，婆婆就像是个大家长一样，很多新媳妇都要伺候婆婆，有的还要受婆婆的管教和恶气。幸好，封建时代已经终结，新时代到来。在现代社会，女人不再作为家庭的附属品，而是能够走出家门、走入社会去工作，而且还能与男人一样撑起半边天。不得不说，属于女性的好时代来了。然而问题也接踵而至，如果说封建时代媳妇对婆婆低眉顺眼，有了怨气也只能埋藏在心里，使得家庭还能勉强保持和睦的状态。那么对于新时代女性而言，在出嫁之前就是娘家父母的掌中宝，结婚之后出得厅堂，入得厨房，又如何愿意受到婆婆的驱使呢！渐渐地，婆媳矛盾就会越来越尖锐，很多媳妇因为婚后不愿意和婆婆一起居住，所以早在婚前就已经买好了属于小夫妻的房子，拥有自己的小家庭。这样的选择反倒是好事，因为婆媳见面少了，不在一个屋檐下低头不见抬头见了，所以很长时间见一次面，反而像客人一样客客气气。

不过，有能力分开居住的婆媳毕竟是少数，现代社会寸土寸金，房子那么贵，很多普通的工薪阶层并没有能力给孩子买婚房，因而只能婆媳一起居住。这样一来，婆媳的矛盾就会更加集中。婆媳之间如何相处，也成为很多人面对的大难题！很多五六十年代出生的婆婆很委屈，说："我熬了这么多年，婆婆才去世了，好不容易当了婆婆以为可以扬眉吐气了，但是现在的媳妇全都不是省油的灯，又开始由媳妇管着婆婆了。我们这代人，真是命苦啊！"这样的话使人啼笑皆非，却也道出了一个事实。的确，很多如今六十岁左右的老人，都曾经被婆婆管教过，但是如今等到她们当婆婆了，社会风气已经完全不同了。可以说，现在不给婆婆气受的媳妇几乎可以算得上好媳妇，这让好不容易熬出来的婆婆情何以堪啊！

人们常说，三个女人一台戏。其实，无须加上丈母娘，只婆婆和媳妇就已经是一台好戏了，而且也足以使夹在中间的男人天天受夹板气，而且受气的理由还完全不带重样的。其实，婆媳矛盾由来已久，而且也是有心理原因的。难怪婆媳之间始终无法和谐相处，只因为两个女人都爱着一个男人，即婆婆的儿子和妻子的丈夫。要知道，每个孩子都曾经是妈妈的心肝宝贝。妈妈含辛茹苦、任劳任怨地把儿子养大，转眼之间，儿子能够顶天立地了，却要去宠爱一个不相干的女人，而且还要去讨好那个女人的妈，这让辛苦抚育儿子一辈子的婆婆情何以堪啊！如果媳妇对待儿子好，婆婆尚且能够感到满意，但是如果媳妇很爱撒娇，而且对自己的儿子颐指气使，那么婆婆简直对待媳妇如同仇人一样，恨不得替儿子受媳妇"压迫"而打抱不平。

人们常说，丈母娘看女婿，越看越喜欢。但是婆婆看媳妇，却未必会衍生出这样的眼神。实际上，丈母娘和女婿是异性，存在异性相吸的原理，而且看到有一个高高大大的帅小伙和自己一样宠爱女儿，丈母娘当然会对女婿也很好啦。这一点，恰恰与婆婆看到儿媳妇使唤自己辛苦养大的儿子的感受相反。此外，婆婆和媳妇都是女人，女人都是心思细腻而又敏感的，也很容易同性相斥。甚至从潜意识里而言，婆婆和媳妇还都在争夺同一个男人呢，当然无法做到礼貌谦让。又因为生活原本就是琐碎的，再幸福美满的家庭，也会存在各种各样的不如意，这种情况下直接导致矛盾和纠纷更加爆发出来。所以，婆媳之间的争执也是在所难免的。

实际上，任何人际关系都要依靠沟通来减少误解，达成共识，假如婆媳之间也能够多多沟通，真诚相待，那么婆媳关系也许就会得到很好的处理。当然，婆婆不是妈，媳妇也不是闺女，所以婆媳沟通还是要掌握一定的技巧。首先，婆媳之间遇到分歧一定要多多沟通，坦诚讲述自己的观点，真诚对待和包容对方的观点，这样才能求同存异。其次，婆媳都应该放宽心胸，把更多的注意力集中到婆媳世界之外的广阔天地中，如媳妇可以忙于工作，婆婆可以多和老年人一起唱歌跳舞、娱乐休闲，这样一来，婆媳的注意力都会得到转移，也就不会只盯着对方不尽如人意的地方了。最后，作为媳妇，毕竟是婆婆的晚辈，毕竟已经把婆婆辛苦养育一辈子的儿子据为己有了，所以要对婆婆更加宽容一些。人老了，心理状态会发生一定的改变，所以媳妇哪怕不看僧面看佛面，也要对婆婆更好一些，这样也是有利于夫妻关系的。总而言之，爱、理解、宽容和信任，是人际交往的润滑剂，要想处理好世界难题——婆媳关系，婆婆和媳妇都要摆正心态，婆婆不要把儿子当成自己的私有财产，媳妇也不要让丈夫娶了媳妇忘了娘，这样日久天长，在不断的磨合中，婆媳关系必然越来越和谐融洽。

好孩子都是夸出来的

除了因为各种原因导致的不能生育的夫妻和丁克家庭之外，大多数家庭都至少有一个孩子。延续生命的繁衍，是人类的本能，同时，孩子的加入，也会使得感情渐渐浅淡的夫妻之间有了更多的共同话题，从而理所当然地从以爱情为主，转化到以家庭为主，夫妻双方也都肩负起更多的责任。

毋庸置疑，孩子是祖国的未来，也是家庭的希望。对于每一个有孩子的家庭而言，孩子能否茁壮成长，健康快乐，牵动着父母的心，也关系到家庭的未来。然而，很多父母都不知道应该如何教育孩子，尤其是现代社会各种教育理念层出不穷，使得父母也非常困惑，没有准确坚定的态度面对孩子。诸如从传统的“棍棒底下出孝子”的教育理念，到如今的素质教育、赏识教育等，使得很多父母时而打骂孩子，时而意识到错误又及时改正，这样反而使得教育的受体孩子也非常困惑。实际上，从人人平等的角度而言，父母虽然给了孩子生命，引领孩子来到这个世界，但是父母并没有权利打骂孩子，更不能把孩子作为自己的私有物品对待。孩子的人格与父母的人格完全是平等的，如果父母不尊重孩子，也便得不到孩子的尊重。所谓己所不欲，勿施于人，这句话已经传承上千年，也有很多父母都对这句话耳熟能详，但是他们却并没有用心去做，更没有把这句话做好。

父母总是以为自己辛辛苦苦抚养孩子长大，就觉得自己不管怎样对待孩子都是正当且合理的。因而，很多父母都把孩子当成自己的私人物品，动辄对孩子打骂，甚至以语言侮辱和伤害孩子弱小的心灵。曾经有心理学家专门调查过孩子们怕什么，最终的结果告诉我们，孩子不怕学习劳累，也不怕生活艰苦，唯独最害怕自己得不到应有的尊重，导致颜面扫地。美国有位心理学家也曾经说过，人性最深切的渴望就是得到他人的尊重和赏识。孩子也是人，孩子也是如此。所以作为父母，要想对孩子好，最重要的不是给孩子好吃好喝的，而是要尊重孩子的人格，保护孩子的尊严。

孩子从呱呱坠地开始，就处于生理和心理飞速发育的时期。他们不但身体越来越高，日渐强壮，心理也在发生很大的变化。随着不断成长，他们越来越关注外界对于自己的评价，而且越来越迫切渴望得到他人的认可和赏识。在这种情况下，作为父母，假如不能理解和认可孩子，可想而知，孩子在心理上会受到多么严重的伤害！常言道，好孩子都是夸出来的。的确，聪明的父母很擅长夸奖孩子，因为曾经有心理学家说，如果你期望一个人变成什么样子，那么你就按照那个样子坚持夸奖他。渐渐地，他会受到心灵的指引，变得越来越切合你的期望。这就是夸奖的力量。对于非常在乎和重视父母的孩子，父母的夸奖甚至能够彻底改变他们的人生。

无数的事实证明，很多先天不足或者后天失去很多能力的孩子，在父母的不断鼓励和认可下，也会渐渐充满信心，从而超越自己，完善自我。明智的父母总是很善于运用赏识和赞赏的教育法宝，从而成功改变孩子的心态，让孩子充满自信地不断成长。遗憾的是，很多父母都不知道应该如何夸赞孩子，的确，夸奖孩子并非简单容易的事情，要想让夸奖起到预期的效果，就更需要父母多多用心，把每一句夸赞的话都说到点子上，才能打动孩子的心，让孩子积极地成长和完善自我。

通常情况下，父母赏识孩子，必须注意一些注意事项。首先，赏识孩子的话必须是发自内心的，最好在孩子有出色表现的时候说出，这样孩子才会觉得父母是在真心诚意地夸赞自己。其次，赏识孩子的话必须具体而又生动，一定要赞美孩子显而易见的优点或者是一直存在但是却不被大多数人注意到的优点，这样孩子才能受到更大的鼓舞。相反，有些父母对于孩子的夸奖都是泛泛而谈，或者表扬孩子聪明，或者赞赏孩子机智，却从未说出任何具体的事情作为赞赏的理由，这样的赞赏很难打动孩子的心。此外，在表扬孩子的时候，一定要注意避免把孩子与其他孩子比较。要知道，每个孩子都是这个世界上独一无二的个体，更是你心爱的小宝贝，他是无法取代的，因而你也要将他视为珍宝，舍不得将他与任何人进行毫无意义的比较。

总而言之，唯有真心地夸赞孩子，赏识孩子，发现孩子一切值得赞许的优点和长处，才能用不断的鼓励激励孩子奋发上进，最终获得成长。

批评孩子，一定要讲究方式方法

哪个孩子小时候没有犯过错误，没有挨过批评呢？既然大多数孩子就是在不断犯错的过程中成长的，那么父母批评孩子也就成为家常便饭。甚至有些父母对于批评孩子越来越感到麻木，因而对于孩子频繁犯错感到不耐烦，他们甚至完全不讲究方式方法，在批评孩子的时候只顾着发泄自己的负面情绪，根本不考虑孩子的感受。毋庸置疑，这样的父母不是合格的父母，他们批评孩子的草率行为也是完全不值得推崇的。

每个孩子都是上帝派来凡间的小天使，他们虽然年纪尚小，但是他们有自己独立的思想和人格，完全不是任何人的附属品。因而父母虽然给了孩子生命，又辛苦抚育孩子长大，也依然要尊重孩子，把孩子当成平等的个体对待。这样，孩子得到父母的尊重，在父母平等的爱中长大，他长大之后才会尊重父母和他人，更不会对人缺乏平等意识。

毫无疑问，在每一个家庭中，对孩子的教育都是重中之重。每一个父母都望子成龙，望女成凤，所以他们既希望孩子健康茁壮成长，也寄希望于孩子能够好好学习天天向上，长大之后出人头地。所谓爱之深则责之切，正因为父母对孩子寄予厚望，所以父母对孩子的要求也越来越高。在这种情况下，孩子有某些地方做得不够好，父母就会非常着急，想要纠正孩子的表现，也想要让孩子一下子就能变得更加完美。殊不知，哪怕父母批评的方式再急迫，孩子的成长也需要一个过程。有的时候父母急功近利，反而会导致事与愿违，非但无法使孩子成功改正缺点，反而还会使孩子产生逆反心理，导致孩子故意与父母背道而驰。因而哪怕父母心急如焚，在批评孩子时也要讲究方式方法，稍安勿躁，循序渐进。

到了吃午饭的时间，已经五岁的豆豆却不愿意来吃饭，因为他已经玩得忘乎所以了，只想继续陪伴变形金刚。看到儿子对自己的话充耳不闻，小敏决定好好修理修理儿子。为此，小敏开始去夺豆豆手中的变形金刚，豆豆呢，则不愿意妥协，一气之下居然不小心把变形金刚砸到妈妈头上，妈妈头上瞬间起了一个大包。妈妈马上歇斯底里，气得把豆豆的变形金刚扔到地上摔坏了。豆豆开始哇哇大哭，妈妈呢，在冷静下来之后觉得自己做得也许过激了，其实孩子不想吃饭的话，可以等到他玩过变形金刚之后再吃，毕竟晚一点吃饭也没什么关系。

看着伤心的豆豆，妈妈感到有些懊悔，事后，虽然她又给豆豆买了一个变形金刚，但是豆豆却不怎么爱玩了。

在这个事例中，妈妈的做法的确欠妥。孩子专注力的养成，最怕受到打扰。因而在得知豆豆暂时不吃饭之后，妈妈完全可以和家人先吃饭，等到豆豆玩过变形金刚再吃。但是，妈妈居然采取强制手段去夺取豆豆的变形金刚，豆豆当然不会愿意。又因为豆豆不小心砸到了妈妈的头，妈妈更加歇斯底里，也许那一瞬间在孩子眼里，她就像一个真正的魔鬼一样可怕。妈妈的形象一旦受到破坏，便很难修复，最重要的是她因此给孩子带来的心理阴影，也会使孩子的心理受到严重的负面影响。

和小敏一样，很多妈妈因为缺乏对情绪的控制能力，对孩子的容忍度也不够高，因而导致在养育孩子的过程中经常生气，经常歇斯底里。殊不知，妈妈这样不顾一切地批评孩子，不但会使年幼的孩子产生恐惧心理，更是会给孩子带来无法挽回的心理创伤。虽然孩子还小，但是正因为如此，孩子心理更加脆弱，作为父母，一定要控制自己，力争以合理的方式批评孩子，避免给孩子造成伤害，也尽量起到良好的批评效果。

常言道，有理不在声高。很多时候，我们批评孩子未必要声色俱厉，能够和孩子摆事实讲道理，让孩子发自内心地降服，才能事半功倍，一劳永逸。而且，作为父母，首先，一定要对孩子成长过程中接二连三的错误足够包容和理解，这样才能更好地陪伴孩子一起成长。为了更好地保护孩子的自尊，需要注意的是，批评孩子一定要区分时间和场合，尤其不要当着他人的面让孩子下不来台，这样不但会伤害孩子的自尊心和自信心，也会使亲子关系变得紧张。

其次，批评孩子之前要先让自己的情绪恢复冷静和理智，从而意识到人非圣贤，孰能无过，有的时候孩子在很多方面的表现与家庭和父母也是有一定关系的，从而增强对孩子的容忍度。再次，有些父母在批评孩子的时候总是劈头盖脸，要知道，事情有的时候并非我们看到或者听到的那样，因而在批评孩子之前，一定要给孩子申诉和解释的机会，这样才能避免误解孩子。最后，父母在批评完孩子之后，一定要及时对孩子进行心理疏导和安慰，从而使孩子想清楚父母为什么会批评他们，也坚信父母的批评是为了他们好，而且父母哪怕批评孩子也依然是爱孩子的，从而帮助孩子树立安全感，不会因为受到批评就觉得惴惴不安。总而言之，孩子是花朵，是幼苗，作为父母，唯有更好地对待孩子，用心呵护孩子，才能引导和帮助孩子不断成长。

丈夫的巧妙语言，能化解危机于无形

很多女人都在抱怨，说自己的丈夫在结婚前和结婚后，简直判若两人。难道每个男人都是这样居心叵测地欺骗女人的吗？否则为何每个女人都对男人众口一词，而且都在千篇一律地指责和抱怨男人呢？其实不然。实际上，男人之所以婚前和婚后有着截然不同的表现，就是因为他们在婚前追求女人的时候使出了浑身解数，而且嘴巴上也像是抹了蜜一样甜。而一旦结婚了，老婆就成为囊中之物，他们当然露出本来面目，觉得自己只要努力赚钱，给老婆创造更好的生活即可，因而把注意力更多地从精神上转移到物质上。但是女人却不这么想，每一个女人都愿意一辈子被宠爱着，所以她们恨不得男人天天在自己的耳边说情话，根本不愿意男人婚后截然改变。

的确，女人既然有这样的需求，作为男人，除了要负责挣钱养家糊口之外，为何不能继续保持甜言蜜语，从而让夫妻感情更加深厚、家庭生活更加和睦呢？有些男人就是死心眼，宁愿累死累活上班，也不愿意抽时间和老婆发个暧昧的信息，让老婆对自己感动不已。当然，上班也的确很重要，男人一旦结婚成家，就需要肩负起家庭的责任。但是很多事情都不是非此即彼的，生活也不是单项选择题，很多男人即便努力工作，也依然能用甜言蜜语哄得妻子开心啊。所以男人们，再也不要以忙于工作为由冷落和忽视妻子了，而是要在工作之余抽出时间讨好老婆，让婚姻生活更加顺遂如意。

常言道，好男不和女斗。很多家庭之所以总是争吵，不仅仅是因为女人事情多，爱挑剔，也是因为男人不擅长说话，动辄就和女人吵架。实际上，男子汉大丈夫，要表现出宽阔的胸怀和气度，从而在老婆不高兴的时候马上表现出高姿态，积极主动地哄老婆开心，而不要与老婆针锋相对。毕竟过日子嘛，哪有锅碗瓢盆不一齐响的呢，只要男人充当和谐音符让这些声音协调起来，这些声音马上就会变得悦耳许多，也更加富有生活的气息。

不可不告诉男性朋友的是，女人不但是感性动物，而且是听觉动物。有的时候，男人一句不合时宜的话，在女人耳朵里就是争吵的导火索，女人此刻发起飙来是绝对不留情的。因而男人唯有拥有好口才，掌握讨老婆欢心的语言技巧，才能让家庭生活更加幸福和睦，也远离纷争和战争。有的时候，男人一句巧妙的话，就能哄得女人破涕为笑。

不知道是什么原因，娜娜就和老公徐刚吵起来了。吵来吵去，徐刚居然半句也不让着娜娜，一气之下，娜娜收拾东西，决定回娘家，而且还提出了“离婚”。徐刚看着气鼓鼓收拾东西的娜娜，有些不知所措，但是如果要是就这样低头道歉，他又觉得有些没面子。为此，徐刚思来想去，想出了一个好办法。

徐刚拦住拎着大箱子准备出门的娜娜，说：“既然要离婚，当然要把财产分割清楚。”娜娜一听徐刚要分财产，把离婚当真了，不由得更加生气。不承想，徐刚却说：“家里所有财产都归你，我什么也不要。”娜娜的心又柔软下来，觉得徐刚总算没对自己赶尽杀绝，因而说：“我没意见，现在我先带走一些贴身的东西，明天我会来和你交割的。”说完，娜娜依然气鼓鼓地准备离开，这时徐刚突然说：“你还有贴身的东西没收拾呢！”娜娜有些困惑地看着徐刚，徐刚继续说：“我也是你的贴身财物，你找个大箱子把我装起来带走吧。”徐刚的这句话和说话时脸上委屈的表情，使得娜娜忍俊不禁，不由得笑了起来。就这样，一场离婚风波，被徐刚的巧妙言语化解了。

如果徐刚不知道如何让娜娜消气，那么娜娜拎着行李箱走出家门之后，徐刚再想找她回来就很难了。毕竟这样的情况关起门来还是家庭内部矛盾，一旦被七大姑八大姨点评，大家再出些乱七八糟的主意，就会导致情况变得越来越糟糕。所以徐刚把娜娜拦在家里，消除娜娜的怒气，是非常明智的行为。

要想成功消除女人的愤怒，需要做到以下几点。首先，在女人怒不可遏或者怒气冲冲的时候，男人千万不要保持沉默。也许男人会觉得自己生气的时候需要冷静，因而对待生气的女人也同样给予她们时间恢复理智，这完全是因为男人不了解女人。因为女人生气的时候只想有人陪在身边，不停地道歉，而不想被他人冷落。的确，男人此时给予女人的思考空间，在女人的理解就是男人在冷落他人，因而女人会更生气。

其次，在哄女人开心或者安慰女人的时候，男人一定不要吝啬自己的甜言蜜语。归根结底，女人的耳根子是很软的，这就像是她们的心也很软一样。一旦女人被男人的话打动，她就会选择原谅男人。当然，如果男人不管说什么甜言蜜语都不管用，那就扔出那三个最管用的字——“我爱你”，迄今为止还很少有女人能在这三个字面前保持淡定和理智呢！

最后，男人千万不要心眼太实在，要想哄得女人开心，说些善意的谎言有的时候是必须的。诸如夸赞老婆依然年轻漂亮，就像是杨玉环一样丰满性感，再或者对老婆辛苦准备的饭菜赞不绝口，哪怕很难吃也要装作很好吃的样子，让老婆误以为她已经成功抓住了你的胃，她自然会觉得沾沾自喜，扬扬得意。总而言之，作为男人的尊严固然重要，但是如果能够每天都逗得老婆笑靥如花，这样的男人显然更有本事，也更值得钦佩。所以男人们，从现在开始就练就三寸不烂之舌，而且在自己的舌头上多抹些蜜汁吧！

参考文献

[1]黄钟峣.心理学与口才技巧2[M].北京：中国纺织出版社，2017.

[2]朱吉亮.三言两语操纵他人心理[M].北京：中国纺织出版社，2012.

[3]谭小芳.每天学点社交心理策略[M].北京：中国纺织出版社，2013.